体育教学与运动训练康复研究

史 祎 著

黑龙江科学技术出版社
HEILONGJIANG SCIENCE AND TECHNOLOGY PRESS

图书在版编目（CIP）数据

体育教学与运动训练康复研究 / 史祎著 . -- 哈尔滨：
黑龙江科学技术出版社, 2023.1
ISBN 978-7-5719-1729-6

Ⅰ . ①体… Ⅱ . ①史… Ⅲ . ①体育教学—教学研究②
体育运动—运动训练—康复训练—研究 Ⅳ. ①G807.01
②G808.1③R493

中国国家版本图书馆 CIP 数据核字 (2023) 第 024271 号

体育教学与运动训练康复研究

TIYU JIAOXUE YU YUNDONG XUNLIAN KANGFU YANJIU

作　者	史　祎	
责任编辑	陈元长	
封面设计	汉唐工社	
出　　版	黑龙江科学技术出版社	
	地址：哈尔滨市南岗区公安街 70-2 号　邮编：150007	
	电话：（0451）53642106　传真：（0451）53642143	
	网址：www.lkcbs.cn	
发　行	全国新华书店	
印　刷	哈尔滨景美印务有限公司	
开　本	710mm×1000mm　1/16	
印　张	14.5	
字　数	212 千字	
版　次	2023 年 1 月第 1 版	
印　次	2023 年 1 月第 1 次印刷	
书　号	ISBN 978-7-5719-1729-6	
定　价	50.00 元	

内容简介

《体育教学与运动训练康复研究》是一本系统研究体育教学与运动训练康复的专著。本书在阐述体育教学的原则、目标、内容、环境等知识的基础上，对体育教学的现状及发展进行了深入分析，并提出了具体的教学方法与模式。同时，本书还针对大学体育运动与康复训练进行了研究，首先介绍了体育运动训练康复的相关理论，并从篮球运动、乒乓球运动、羽毛球运动、足球运动等方面对运动训练康复进行了具体的研究，旨在为提高我国高校体育教学水平提供理论上的指导。

目　录

第一章　体育教学研究综述

第一节　体育教学研究概述

没有研究就没有创新，没有创新就没有体育教学事业更好的发展。体育教学研究是提高体育教学质量、完善体育教学方法和策略的主要手段。放弃对体育教学的研究，体育教学将失去不断进步的动力和条件，也终将失去意义和生命力。

一、体育教学研究的概念

体育教学研究，即借助科学的研究方法和研究手段，针对体育教学的现状和存在的问题，不断完善体育教学的方法和手段，从而提高教学质量，借此向更多的体育爱好者和研究者揭示体育教学现象的本质及体育教学中存在的一般规律的一项具有研究意义的工作。

体育教学研究的根本目的是提高体育教学质量，不断完善当今体育教学的理论知识。从对当前学校教育中的体育教学的调查和研究来看，受应试教育的影响，很多学校忽视了体育教学的重要性，没有健全的体育教学理论知识，对体育教学的认识不足。随着素质教育的全面实施，各学校都应该加强对体育教学的研究，不断完善体育教学的理论知识，提高体育教学的质量，从而提高学生的身体健康水平。

提高体育教学质量的根本途径是解决体育教学实践中出现的一系列问题，因此可以将体育教学研究的对象定义为"体育教学实践中存在的影响体育教学质量的问题"，而不是体育教学中的一些理论问题。这是因为体育教学以教学实践为主，体育教学中的理论知识只是实践教学的辅助，而体育教学实践是体育教学的最终表现形式，因此要想不断地提高体育教学质量，体育教学研究者应该对体育教学实践进行调研，从中找出存在的问题，然后根据这些问题对体育教学进行有针对性的研究。

基于此，体育教学研究方法的选择也应该从体育教学的实际和体育教学的本质出发，采用科学研究和教育实践研究相结合的方法，从科学的角度分析体育教学实践中阻碍教育质量提高的主要原因，然后将这些分析结果及分析的过程借助体育教学实践进行研究验证，这样才能联系实际解决体育教学中存在的问题，不断提高体育教学的质量。

体育教学研究的主要内容是体育教学现象的本质及体育教学中存在的一般规律。体育教学是学生学习生涯中必不可少的一个环节，是学校对学生进行身体健康教育、陶冶学生情操、放松学生身心的主要方式。随着国家对青少年健康教育重视程度的不断提高，对学生进行健康教育成为了每一个学校必备的课程。对体育教学的研究者而言，只有清楚体育教学现象的本质，了解体育教学中存在的一般规律，才能将体育教学质量的提高落到实处。

二、体育教学研究的意义

通过对众多学校的学生和教师进行的调查可知，目前有很多的学生和教师认为体育教学是一个没有任何实质意义的学科。但是从培养学生的角度来看，体育教学是不容忽视的，在体育课上，教师可以采用形式多样的教学方式，借助各种有利于学生成长的体育活动，加强对学生的身体锻炼，在活动中潜移默化地培养学生的心理素质、团队意识、沟通交际能力等，有利于学生的身心成长和发展。笔者对高校体育教学进行了多年研究，将体育教学研究的意义总结如下。

（一）体育教学研究可以促进体育教学理论的发展

体育教学正式进入我国教育行业成为一门独立学科的时间还比较短，较其他学科而言，体育教学无论是在教学理论还是在教学实践方面，都有待进一步的研究和发展。在当今体育教学的发展过程中，人们对体育教学的研究主要是进行一些运动、锻炼等活动。但是体育作为一门独立的学科，与运动、锻炼等活动在目的、内容、性质、意义等方面都存在很大的差别。我国之前在体育教学过程中使用的理论和实施的方法并不能真正满足当前社会对体育教学的根本要求。因此，为了更好地保证体育教学的实施，提升体育教学的质量，应该从当前体育教学的实际情况出发，从体育教学的特殊性出发，结合学生成长的特点，对体育教学进行深入的研究和分析，制定出一套符合体育教学的理论和方法，消除体育教师进行体育教学时的盲目性，让其更好地为体育教学服务。

（二）体育教学研究有利于体育教学的改革和发展

近年来，改革成为我国教育事业所面临的一个重要课题，在教育改革政策和方针的约束和指引下，各个学段、各个学科的教学改革正在紧张地进行，体育教学改革也如火如荼地进行着。但是，我国体育教学的改革一直面临以下三个方面的问题：第一，目前关于体育教学的理论研究不充分，因此无法把握体育教学改革的方向；第二，缺乏对体育教学方法的研究，无法寻找有利于提高体育教学质量的教学手段和方法，无法保证体育教学改革的进一步实施；第三，缺乏对当前情况下体育教学改革过程中涉及的新理论和教学方法的可行性的分析，无法衡量体育教学改革政策的适合度。以上三个问题均严重制约了我国体育教学和教学课程改革的发展。因此，科学的体育教学研究有利于正确地把握体育教学事业的发展方向，有利于科学性体育教学方法的发现和实施，有利于可行性体育教学模式的发掘。因此，体育教学研究有利于我国体育教学的改革和发展。

（三）体育教学研究有助于体育教师能力的提高

随着社会的发展与进步和信息更新速度的不断加快，教学质量也在进一步提高，社会对教师的教学能力和知识储备量的要求也在不断提高，因此，教学与研究互相渗透已经成为提高教学质量、完善教师自身素质的必经之路。体育教学研究对于体育教师的教学能力的提升，具体体现在以下四个方面：第一，能够提高体育教师的教学设计能力。体育教师在研究体育教学的过程中会增强"问题意识"，能更加清晰明了地拓宽体育教学设计的思路，完善体育教学的方法。第二，能够不断地激发体育教师的创造性。体育教师在进行体育教学研究时，所接触到的体育教学方面的知识也更加直观、全面，认识到的教学实践也更加客观和深入。第三，能够帮助体育教师获得更多的新知识，不断地拓宽其知识面。第四，能够促进教师之间的交流与合作，更好地促进体育教学知识和教学实践经验的增长。因此，体育教学研究有助于体育教师教学能力的提高。

三、体育教学层次的研究

从当前体育教学的特点及体育教学研究的成果来看，体育教学研究并不是单一的研究层次。按照体育教学研究的内容进行层次划分，不仅有利于教学研究的有效进行，而且有利于开展全面、深入的研究。

（一）描述现象层次的研究

描述现象层次的研究虽然是体育教学研究中最基础的工作，但也是最重要的工作。目前，我国体育教学事业较国外发达国家有着明显的差距，体育教学研究者只有清楚这些差距，并找出导致这些差距的根本原因，才能有针对性地进行教学的改革，使教学研究具有现实针对性。但是，目前我国的体育教学对许多教育事实和现象认识不足，主要原因是我国体育教学研究者对体育教学现状缺乏细致而准确的描述。因此，在进行这一层次的研究时，首先应该保证研究的客观性、准确性、全面性，这样才能获取体育教学各个层次的可靠信息，才能为体育教学的继续研究提供充足的信息。

（二）对描述现象进行解释和归因层次的研究

所谓对描述现象进行解释和归因层次的研究，其实就是在描述现象层次研究的基础上，对所描述的现象结合体育教学的特点进行认真的综合分析，研究出阻碍体育教学质量提高的原因。解释的主要意义在于帮助人们理解体育教学现象之间存在的联系，归因的主要任务就是阐述这种现象发生的实际原因。这一研究属于体育教学研究的中级层次，但是目前我国很多体育教学研究者对这一现象的研究不深入、不全面，分析问题的方法不科学。对于体育教学研究而言，要想不断提高体育教学质量，就应该对目前体育教学中存在的现象进行正确、深刻的分析和归纳，这样才能正确地揭示体育教学中一些阻碍教学实施的现象，从中得到正确的因果关系。

（三）实证层次的研究

通过对体育教学研究层次中的第二层次的研究，可以清楚地把握目前体育教学现象的因果关系，因此实证层次的研究实际上就是对第二层次所获得的因果关系进行实证研究，主要目的就是验证第二层次中所研究的因果关系能否在真实的体育教学环境中发生。因此，实证层次的研究是体育教学研究中的中心环节，这个环节可以获得最可信的研究结果。实证层次研究的主要方法是实验法，让假设的命题在一次次的实验中获得永恒的规律。但是由于体育教学研究面临很多不确定的因素，具有很强的社会性，在研究的过程中不可能像一般的实验研究那样拥有很多可控制的因素，因此，在进行实证研究的过程中，应该精心地进行命题的假设和推理，全面地设计实验，在对实验结果进行仔细分析的基础上，对实验所得出的结论进行恰当的总结和分析。

（四）理论和外推层次的研究

我国体育教学研究之所以未能得到更大的发展，一方面是因为我国对体育教学研究的关注度不高，另一方面是因为从事体育教学研究的人员没有对研究所得的体育教学规律做出概括性的总结，也没有将这一理论进行及时的推广并应用到体育实践教学中。对于体育教学研究而言，在体育教学研究人员对所研究的体育教学规律进行实证之后，就应该将其概括总结为理论知识，因此理论研究的主要目的就是说明体育实证层次研究中所得到的因果关系或体育教学规律的发生条件和原则，再加上目前我国体育教学中缺乏理论方面的创新，因此这一环节对于体育教学质量的提高很重要。外推的本质意义就是将所得的理论知识应用于实践教学之中，所以在进行理论和外推层次的研究中，最重要的两点就是对理论知识进行高度概括，并找出合适的外推手段。

四、体育教学研究的特点

众所周知，体育教学与其他学科教学有着很大的区别，因此体育教学研究也不等同于其他学科的科学研究和教育理论研究。根据体育教学的特点可知，体育教学研究的主要特点是学理性、实践性和复杂性。

（一）体育教学研究的学理性

体育教学本身就是以传递体育教学相关的知识和技能为过程的教学，所以其方方面面都是围绕教与学进行的，无论是教师教授的过程还是学生接受学习的过程，都必须遵守教学的规律。因此，体育教学的研究，也应该和其他学科的教学研究一样，归根到底都是学理性的研究，如果体育教学不具有这一特点，那么教学就无法科学有效地进行。

（二）体育教学研究的实践性

体育教学的很多理论知识都是在实践的基础上产生的，并且在实践中得到验证，这使得教学理论能够在不断的实践中得到检验、修正、丰富和发展。因此，教学研究也应该围绕教学实践进行，这样才能使体育教学研究成为真正有意义的研究。换言之，如果体育教学研究脱离了教学实践，那么将失去研究的意义。

（三）体育教学研究的复杂性

体育教学活动是由多种因素和变量组成的，但是这些变量之间并不是孤立存在的，每一个变量都是与其他的变量相互约束、相互制约的。开展教学研究的根本目的，就是将这些变量之间相互作用的复杂关系展现出来。笔者通过对体育教学的研究，提出体育教学变量主要由三类变量组成：一是环境变量，主要表现在课堂环境和状态对学习效果的影响；二是过程变量，是指师生的课堂行为、知识特点等对学习成果的影响；三是结果变量，是指教师所期望的，以及教师拟订教学活动计划所依据的、可用有效的教学目标和标准加以衡量的教育成果。

第二节　体育教学研究的目的

目前，我国体育教学仍存在很多问题，这些问题严重制约了我国体育教学事业的不断进步。因此，如何提高体育教学的质量，如何提高体育教师队伍的整体素质，如何根据社会需求对体育教学进行改革，这些成为优化体育教学首先应该面对的问题，也是加强体育教学研究的根本原因。

一、体育教学中存在的问题

从目前我国体育教学的发展情况来看，体育教学中仍然存在很多亟待解决的问题，这些问题一方面严重制约了体育教学实践的进步和发展，另一方面降低了学生参与体育教学的热情。体育教学中存在的问题主要表现在以下三个方面。

（一）体育教学理论研究不充分

受素质教育实施的影响，为了全方面培养 21 世纪所需要的人才，我国对体育教学的重视程度越来越高，但是受传统教学观念的影响，体育教学虽然一直贯穿于学校教育的始终，但是并未受到足够的重视。这也直接导致了我国体育教学中存在教学理论研究不充分的问题。对于体育教学而言，教学理论研究不充分，一方面导致体育教学没有统一的教学标准，体育教师在对学生进行体育实践教学时，没有充分的理论指导。另一方面，由于缺乏充分的教学理论研究，体育教师缺少提升自身专业知识和教学技能的支持，无法不断地充实自己的专业知识储备，严重制约了体育教师知识技能的完善。

（二）缺乏学理研究和方法研究

体育教学研究不同于真正意义上的科学研究，也不同于单纯的教育理论的研究。由于体育教学具有复杂性和实践性等特点，因此在体育教学研究过程中，要注重对其中涉及的一些变量进行研究，以保证体育教学更加符合教学实际和学生的成长特点。由于体育教学中缺乏对教学方法的研究和学理的研究，因此体育教师对教学过程中遇到的一些突发事件往往处理不当。这样的体育教学不仅不利于学生的健康成长，不利于社会教学目标的实现，而且还严重降低了学生参与的积极性，不利于体育教学的持续发展。

（三）简单照搬其他理论，缺乏可行性分析

体育教学与其他学科教学最大的区别就是，体育教学更加注重教学的实践性。不同国家、不同学年段的学生所需要进行的体育教学的内容和方法是不同的。部分体育教师在对学生进行体育教学时，照搬其他国家或学校的理论，但并未对这些理论进行可行性研究和分析，没有对借鉴的外来理论知识和方法技巧根据实际情况进行筛选、整合，没有根据实际情况验证教学方法的可行性，因此最终导致我国在体育教学这条路上与社会的要求渐行渐远，严重影响了我国体育教学课程与教学改革的深入发展。

二、体育教学的目的

众所周知，体育教学是学校教育的重要组成部分，而学校所开展的体育教学又是体育终身教学的前提和基础，是培养广大青少年健康体魄的重要课程，因此体育教学质量的高低直接影响国家和民族生命力的旺盛与否，不仅如此，体育教学质量也是社会文明进步的衡量标志。作为一名体育教师，必须明确体育教学的目的，强化学生对体育教学重要性的认识，培养学生参加体育教学的积极性。我国开展体育教学有以下两个方面的目的。

（一）提高青少年的体能综合素质

改革开放以来，我国体育教学工作得到蓬勃的发展，青少年的身体素质和生长发育状况也在不断改善。但是也必须注意到，受传统应试教育的影响，目前我国一些学校存在重智育、轻体育的现象，这既加大了学生的学业负担，同时也极大地剥夺了学生休息和体育锻炼的时间，导致我国青少年的体质状况不容乐观，出现肺活量降低、肥胖、近视、意志力薄弱等诸多问题。因此，我国应该积极开展体育教学，以提高青少年的体能及综合素质。

（二）提高学生对体育锻炼重要性的认识

学生在进行体育锻炼的过程中，能够不断地提高自身的综合素质，从体育教学中获取社会对青少年的要求，也在体育教学中获得基本的交际能力，不断地提升自己的社会认同感，从而理解并认识到体育教学在青少年教育中的重要性。这样学生才能积极地学习体育知识，主动参与到体育活动中去，这对于我国体育教学的深入和发展都起到很好的推动作用。与此同时，青少年提高对体育教学重要性的认识，能够激发体育锻炼的主观能动性，激发健康向上的活力，提高整个国家和民族的生命力，推动我国体育教学事业的不断进步。

三、体育教学对体育教师的要求

体育教师是体育教学活动的组织者和指挥者，是体育教学活动的主体。体育教师能力和水平的高低直接关系到体育教学质量的好坏。因此，要想不断提高我国体育教学的质量，首先应该提高我国体育教师的知识水平和能力。通过对体育教学活动的调查和研究可知，体育教学对体育教师有以下两个方面的要求。

（一）具有丰富的专业理论知识和较高的教学水平

学生是教学活动的客体，在教学活动中承担着接受者的角色，所以体育教师的专业知识和教学水平直接影响学生的学习效果，影响教学质量。为了不断提高我国体育教学的质量，积极响应新课改的要求，体育教师需要具有丰富的专业理论知识和较高的教学水平，这样才能从根本上优化体育教学活动。

（二）能够充分调动学生的学习积极性

体育教学是一门充满活力和创造性的学科，具有很强的灵活性和趣味性，能够帮助学生在体育锻炼中获得一些必需的知识和技能。虽然体育教学相对于其他学科教学而言具有更多的趣味性，但是很多青少年并不愿意参加体育活动，这主要是因为体育教师在教学过程中没有重视对学生的引导，没有根据学生的特点和爱好充分调动学生的积极性。作为一名体育教师，首先应该具备对教学方法的选择能力，根据学生的兴趣特点，策划一些有意义的体育活动，逐渐激发学生对体育运动和学习的兴趣。

四、体育教学研究的目的

根据以上对体育教学中存在的问题、开展体育教学的目的，以及当前体育教学对教师的要求可知，我国体育教学正处于积极探索、不断寻求进步的阶段，这也是我国体育教学活动落后的表现。出现这种情况的主要原因在于我国缺乏对体育教学的深入研究，没有制定出一套适合我国国情和学生特点的体育教学理论和方法，因此，开展体育教学研究成为提高我国体育教学质量的唯一出路。体育教学研究的目的主要表现在以下五个方面。

（一）提高我国体育教学理论水平

虽然体育教学在我国已经有一百多年的历史，但是相较其他学科而言，其起步的时间较晚，再加上受到传统教育观念的影响，许多学校忽略体育教学，导致我国体育教学在理论知识上存在很大的不足。我国的体育教学理论一方面沿袭了传统的体育教学理论，另一方面来自对其他国家的有关体育教学理论的借鉴。但是，随着时代的发展，沿袭而来的体育教学理论已经不适应现在对学生的体育教学要求，并且由于所适用的学生群体不同，借鉴其他国家的体育理论与实际教学存在很大的矛盾。开展体育教学研究，能够在充分了解当前体育教学存在的问题和不足的基础上，对这些问题和不足进行深入的分析和研究，找出传统体育教学理论需要补充和修改的理论内容。再根据我国青少年成长的特点，将从国外借鉴而来的体育教学理论与传统体育教学理论进行科学的融合，这样才能完善我国的体育教学理论，提高我国体育教学理论水平。

（二）对体育教学进行改革

随着素质教育的不断推行，各类学科都在根据社会的需求进行教学改革，体育教学改革也受到了更多的关注，但是体育教学改革一直面临着理论研究不充分的问题。因此，体育教学无法探明改革的方向，也无法把握改革的方法和手段，即使在借鉴外国的改革经验进行改革后，也缺乏对我国体育实际教学的可行性研究。由于对体育教学的研究不足，体育教学改革无法为体育教学活动带去更多有利因素，也无法提高体育教学的质量。基于此，体育教学研究应结合学生的特点、社会的需求、社会的发展趋势等进行，奠定体育教学的改革方向，不断优化体育教学方法，并运用假设和实验的方法对所获得的新教学方法进行可行性分析和研究，这样才能针对性地改革体育教学。

（三）提高体育教师能力

随着社会的不断进步，任何学科对教师能力的要求都在不断提高。从教师的职业发展来看，教师是需要终身学习的职业，要随着社会的变化不断更新自己的专业知识和技能。目前，教学与研究相结合成为教师提高自身知识水平和教学能力、提高教学质量的必经之路。对于体育教师而言，他们在对体育教学问题进行研究的过程中，能够发现和学到更多有关体育教学的知识。在不断发现问题和解决问题的过程中，体育教师对体育教学实践的认识也会更加全面、深入、客观。在不断研究的过程中，对所研究的问题进行总结，可以激发体育教师在体育教学方面的创造性。同时，体育教学研究能够促进体育教师之间的交流和互动，从而提升体育教师团队的整体水平。

（四）规范体育教学流程

体育教学研究，实际上就是对体育教学过程中涉及的各种教学因素及教学规律进行研究。任何一种教学都是从初步走向成熟、从适应走向规范，再加上体育教学本身相对于其他学科的教学活动而言具有很多不确定因素，教学过程难免会受到不确定因素的影响，最终导致教学过程的失败。教学实践和教学过程的规范实际上是相辅相成的关系，教学流程在教学过程中起到指导性作用，同时教学过程也在实际的进行中影响着教学流程，使其不断得到完善和规范。开展体育教学研究的根本目的之一，就是通过对教学过程的监督和分析，找出教学流程中导致教学效果不理想的原因，然后对其进行改正和优化，不断规范体育教学流程。

（五）提升我国体育教学研究团队的整体水平

优秀的体育教学研究团队，需要在不断研究、突破、创新中得到提高，如果一个团队缺少职业研究队伍，那么这一团队不仅整体水平会下降，而且也会失去竞争力。在全球化的今天，各国之间的教育、经济等都趋于透明化，即使是同一个地区或同一所学校的体育教学之间也存在竞争的关系。在这种市场竞争逐渐激烈的环境中，如何不断突破自己，提升整个团队的科研水平，提升体育教学研究者的专业能力，不仅是每一位体育教学研究者应该面对的问题，也是市场竞争的必然导向。体育教学研究者可以在不断研究的过程中，提升自己的专业知识，优化自己的专业技能，同时增强自己在体育教学方面的能力，从而提高我国体育教学研究团队的整体水平，提升我国的体育教学质量。

通过上述对体育教学目的及其研究目的的介绍可以看出，随着体育教学地位的逐渐提高，体育教学研究已经成为当前体育教学过程中的新课题，也是体育教学研究者必须面对和探讨的课题，无论是处在何种地位的体育教学研究者，都应该积极地参与到体育教学研究的工作中去，不断地发现体育教学过程中的问题，创新自己的思路，以保证体育教学质量的不断提高。

第三节　体育教学研究的条件

如前所述，体育教学研究是一个多因素的、复杂的教育活动，其中有待解决的问题有很多。由此可以看出，体育教学研究所需要的条件也有很多，笔者通过多年的研究得出，体育教学研究所需要的条件主要有以下五个方面。

一、对教学主体的了解和掌握

学生是体育教学的参与者，也是教学任务的接受者，没有学生，体育教学就失去了意义，因此在对教学进行研究的过程中，必不可少的条件之一就是了解学生。但是在体育教学研究过程中，除了学生这一学习主体外，教师也起着非常重要的作用，因此除了要充分了解学生外，还要了解体育教师在教学过程中存在的不足之处及需要改善的地方，为体育教学研究提供研究基础和材料。

对学生和体育教师的了解和分析是体育教学研究的对象之一，也是体育教学研究过程中其他方面研究必备的条件。体育教学研究过程中对于教学主体的了解和掌握具体包括以下四个方面。

（一）各个年龄阶段学生的身体发展状况

体育教学同其他学科的教学一样，是一种循序渐进的过程，具有阶段性。因此，在进行体育教学和研究的过程中，首先应该清楚各个阶段学生的身体和心理的发展状况，这样有助于体育教学研究者制订针对性的研究计划和体育教学改革策略。

（二）学生对体育课的兴趣

对任何一门学科而言，兴趣绝对是提高这门学科教学质量的催化剂。调查学生对体育课的兴趣也是体育教学研究的关键一环，这样就能从学生的角度出发，了解学生对体育教学的需求，有助于体育教学研究的不断深入。

（三）体育教师的职业特点和能力结构

了解体育教师的职业特点和能力结构，能够掌握我国在体育教学过程中对教师能力及综合素质的要求，明确现实与要求之间的差距，这样才能明确体育教学研究中教师能力提高的方向，从而优化教师队伍。

（四）体育教师所具备的基本条件

随着新课改的不断深入，体育教学逐渐在学校教育中占据越来越重要的地位，也逐渐发挥其自身的重要作用。体育教学是一项较为复杂的实践性教学，因此要求体育教师必须具备专业的体育教学知识和较高的教学能力。研究体育教师所应具备的基本条件，有助于明确体育教师能力研究的范围。

二、明确体育教学研究的思想和目标

体育教学研究是一项有意识、有计划、有组织的研究性活动，一切体育教学类的研究活动都离不开对体育教学价值的判断和思考。明确体育教学研究的思想和目标，从研究意义上说，就是把握体育教学研究的方向，在研究的过程中极力发掘任何有利于体育教学发展的体育教学理论和教育方法。体育教学研究的思想是指导体育教学研究者行动的主要依据，缺少体育教学研究的思想就无法顺利实现体育教学研究的目标。特别是在我国激励、倡导教学改革的时期，体育教学受传统教学观念的影响，很难突破传统教学模式和教学方法的局限，在这种背景中，只有明确研究目标，坚定研究思想，才能将体育教学研究的目标落到实处，不断提高我国体育教学的质量。要明确体育教学研究的思想和目标，需要清楚以下内容。

（一）体育学科的功能与价值

体育学科的功能与价值是确定体育研究目标的前提条件，也是从事体育研究所必须掌握的条件，两者缺一不可。体育学科的功能与价值明确了体育教学在学校教育中的重要作用，为体育教学研究提供了目标，以及参考和研究方向的借鉴。

（二）体育教学研究的指导思想

体育教学之所以能够上升到一门研究性学科的重要地位，主要是因为我国已经认识到体育教学在学生成长和发展过程中的重要作用。体育教学研究的指导思想是保证体育教学研究顺利进行的前提条件，因此，只有明确体育教学研究的指导思想，才能保证体育教学研究有条不紊地进行。

（三）体育教学研究的目标

体育教学研究的目标是体育教学研究的指导，它为体育教学研究指明了方向，奠定了坚实的基础。只有明确体育教学研究的目标，才能更加清楚体育教学研究的方向，认识体育教学研究的意义，因此，明确体育教学研究的目标是体育教学研究的前提条件之一。

（四）当前体育教学改革的方向

随着素质教育的全面推行，体育教学也正式被纳入新课改的范畴，新课改也因此成为体育教学研究的必经之路。与此同时，在从事体育教学研究时，也应该清楚体育教学改革的方向，这也是体育教学研究的方向。因此，明确体育教学改革的方向是开展体育教学研究的必备条件之一。

（五）世界各国体育教学研究的状况

改革开放在促进各国经济交流的同时，也促进了各国教育事业的交流，体育教学作为一门学科被正式应用到教学过程之中，最根本的原因就是借鉴了国外学校教育的模式。西方很多发达国家在体育教学中取得了突出的成就，但是由于我国体育教学的发展历程比西方发达国家短，因此缺乏很多教学研究的经验。关注世界各国体育教学研究的情况，能为我国的体育教学研究提供更多方法和内容上的借鉴，这对于我国体育教学研究是有利而无害的。

三、明确体育教学的过程

体育教学是体育教学研究的主要表现形式，也是保证学生健康成长的主要方法。但是，体育教学与其他学科的教学又有很大的不同，因此，明确体育教学的过程是体育教学研究的重要内容。明确体育教学的过程既是体育教学研究需要掌握的基本理论问题，也是体育教学研究顺利进行的前提条件。详细了解和掌握体育教学的过程，明确体育教学过程中所涉及的一些基本步骤和内容，是正确认识体育教学的本质、特点和教学中所涉及的一系列教学规律的基础。体育教学过程对教育本身而言，是教育目标实现的根本途径，而教育研究的根本目的就是提高教学质量，并且教学质量的提高体现在教育过程中的每一步。因此，体育教学研究者必须明确体育教学的过程，这样才能保证体育教学研究具有教学针对性，起到提升体育教学质量的重要作用。

作为体育教学研究的前提条件之一，了解和掌握体育教学过程主要包括以下四个方面。

（一）体育教学过程的特点

体育教学过程的特点是体育教学区别于其他教学的明显特征，也是了解体育教学过程所必须掌握的关键因素。体育教学过程是一个特殊的教学过程，也是一个十分强调实践性的教学过程，且教学过程中会受到很多不确定因素的干扰。因此，每一个体育教学研究者都要十分明确体育教学过程的特点，这样才能帮助他们更清楚地掌握体育教学的过程。

（二）体育教学设计

体育教学的过程实际上就是体育教师对体育教学进行教学设计的过程，体育教学设计要体现不同阶段学生的特点，所设计的教学活动也要有利于学生的成长和发展。因此，体育教学设计是体育教学过程中的重要环节，是体育教学过程不断优化的有力保障。体育教学研究者应该具备进行体育教学设计的能力，清楚体育教学设计的功能和作用，这样才能促进体育教学研究的不断深入。

（三）体育教学"三段式"

体育教学"三段式"是一种新的体育教学形式，也是保证体育教学过程顺利进行、保证体育教学质量的主要形式。"三段式"教学是指将体育教学过程分为准备、开始和结束三个部分，体育教学研究中对体育教学过程的研究也要依照这三个部分进行，因此体育教学研究者应该具备对教学过程中"三段式"的理解和运用能力。

（四）体育教学方法

体育教学方法是体育教学过程的重要组成部分，它是衡量体育教学过程是否有利于学生成长和发展的主要依据。在进行体育教学过程的研究中，应该清楚每一种教学方法，详细了解每一种教学方法适用的学生群体，以及它们的功能和价值，这样才能对教学方法进行可行性研究。

四、了解体育教学的内容

体育教学是通过教师向学生传授体育运动这一技术载体而实现的。对于体育教学而言，体育教学活动的运动技术较为丰富多彩，而且每一种体育教学活动均有其特定的功能和作用。因此，体育教学内容也是体育教学研究的方向之一，同时也是体育教学活动的载体，是体育教学能够顺利进行的保证。体育教学研究者只有充分地了解体育教学的内容，才能更清楚地确定体育教学研究的方向。除此之外，目前我国体育教学的现状不容乐观，教育内容也存在很多不足之处，开展体育教学研究的目的之一就是找出这些不足之处，不断地优化教学内容，填补体育教学在教学内容上存在的缺陷，从根本上改变体育教学，不断提高体育教学的质量。因此，了解体育教学的内容是体育教学研究尤为重要的前提条件之一。

体育教学内容包括体育与健康知识研究、体育运动文化知识研究、体育教学内容的选择依据研究、体育教科书研究、体育教学计划研究等诸多方面。

（一）体育教学内容的逻辑

体育教学内容较为复杂，这就需要体育教学研究者厘清各教学内容之间的特点和关系，这样才能明确各内容之间的逻辑，便于在研究过程中进行分类与整合，保证教学研究的正常进行。

（二）体育教学内容的选择标准和程序

体育教学内容的选择标准和程序，是体育教学研究中必须明确的问题之一，是进行体育教学内容研究和教学过程研究的前提。如果体育教学内容的选择标准和程序不明确，那么就无法保证体育教学研究的科学性。

（三）对民族传统体育活动的了解

体育来源于生活，每一个地区的传统运动项目都有其背景和意义，但是随着社会的不断发展，一些具有地方特色的传统运动项目逐渐走向消亡。为了培养学生继承和发扬地域传统运动项目的意识，使该地区的体育教学项目能够凸显地域特色，新课标强调体育教学必须具有当地民族传统特色，这是体育教学研究的任务之一。

五、考察体育教学条件

体育教学具有很强的实践性，因此体育教学离不开良好的物质条件的支持，同时对教学环境也有很高的要求，否则就不可能有高质量的体育教学。

在进行体育教学研究的过程中，研究者需要对教学条件进行充分的考察，主要包括了解体育教学的环境和内容，掌握教学场地和器材的现状，清楚体育教学中所需场地和器材的标准，掌握新型运动器材和运动器具的用法和作用，只有这样才能保证体育教学研究过程的全面性和科学性

（一）掌握教学场地和器材的现状

体育教学研究也是对体育教学过程的研究，其根本目的就是不断优化体育教学过程，提高体育教学质量。因此，在对体育教学进行研究时，首先要对体育教学的场地和器材现状进行调查，以便更好地掌握体育教学的动态，从而对体育教学开展更为细致的研究。

（二）清楚体育教学中所需场地和器材的标准

每一个阶段的体育教学对场地和器材都会有不同的要求，这是保证体育教学过程正常进行的基础。在体育教学研究过程中，应该清楚体育教学中所需场地和器材的标准，以便研究者根据此标准进行合理的研究，在研究中保证对教学场地和器材的进一步优化。

（三）掌握新型运动器材和运动器具的用法和作用

随着科学技术的不断发展，新型运动器材和运动器具的用法和作用逐渐

成为体育教学研究中的重要内容之一，也是体育教学研究的条件之一。每一种新型运动器材和运动器具相对应的教学作用和功能及适用人群是不同的，为了保证体育教学研究的有效性，并且能够让新型运动器材和运动器具的作用在教学过程中得到充分的发挥，体育教学研究者需要清楚新型运动器材和运动器具的用法和作用。

第四节　体育教学研究的方法

体育教学研究是提高我国体育教学质量的方法之一，再加上目前教育学界对研究型教师的需求，体育教学研究逐渐受到更多人的关注与重视。任何一种研究只有掌握了先进的研究方法，才能保证研究的效果，加之体育教学具有一定的特殊性，因此，在体育教学研究过程中尤其要注重研究方法和手段的选择。笔者对国内外体育教学研究进行了多年的了解和分析，下面对体育教学研究常用的方法做一下简单的介绍。

一、问卷调查法

问卷调查法是在从事体育教学研究及其他学科的教学研究时常用的一种方法，它是体育教学研究者在对研究目的进行认真分析的基础上，按照体育教学的特点和要求设计出具有针对性的问题，然后确定调查对象群体，借助这些问题向调查群体了解更多有关体育教学的详细情况，或者征询一些意见。体育教学研究者在具备体育教学研究所需条件的情况下，首先需要做的就是设计调查问卷，选择调查对象，然后再进行问卷的回收和审查。

（一）调查问卷的一般结构

任何一种调查问卷都是由题目、指导语、具体内容及编号三个主要部分组成的，每一个部分都有其特定的目的和意义，下面对体育调查问卷的三个组成部分进行简单的介绍。

1. 调查问卷的题目

对调查问卷而言，题目就是调查的主题，从某种意义上讲，它也是体育调查的目的。因此，在设计体育调查问卷题目时，问卷用语和表述的方式不能让调查对象产生反感。

2. 调查问卷的指导语

调查问卷的指导语实际上就是对开展体育调查问卷的目的和调查中有关事项的说明，因此指导语的主要目的就是让调查对象更清楚地了解问卷调查的意义，从而引起调查对象对调查问卷中题目的重视，争取得到调查对象的积极参与和支持。一般而言，体育调查问卷指导语的表达要从被调查者的角度出发，体现被调查者的希望和意愿，同时指导语的内容应该简洁、准确。

3. 调查问卷的具体内容及编号

体育调查问卷的具体内容主要包括体育调查问题的内容、问题编排的次序、希望被调查者回答问题的方式等。编号实际上就是问卷中问题的编号，设计问题的编号主要是便于对调查问卷中的数据进行整理和收集。

（二）调查问卷中问题设计的基本要求

调查问卷的主要内容就是问题。由于体育本身就是一门复杂的学科，为了保证体育调查问卷更符合体育教学研究的需要，在进行问题设计时应该满足以下五个基本要求。

1. 保证调查问卷中的问题符合客观的实际情况

由于体育教学具有很强的实践性，在设计体育调查问卷的问题时，要保证所提出的问题符合体育教学的客观实际。新课标的实施，加大了不同地区和学校在体育教学方面的差异，因此在设计体育调查问卷的问题时，要从实际情况出发，对调查对象进行分析和了解。

2. 问题必须清楚且明确

在设计调查问卷的问题时，要避免设计一些模棱两可的问题，否则会干扰被调查者的思绪，不利于调查的顺利进行。因此，要多设计一些客观、实际的问题，以便被调查者做出回答和选择。

3. 问题必须围绕调查目的

体育调查问卷原本就是体育教学研究者根据研究的目的而制定的，是为了更好地服务体育教学研究，因此所设计的问题应该紧紧围绕问卷调查的目的进行。

4. 问题必须与被调查者有关

被调查者是体育问卷调查的最终执行者，研究者根据他们填写的问卷，获取一些有利于教学研究的知识和信息，以便体育教学研究能够继续深入开展。因此，调查问卷的题目设计要与被调查者有关。

5. 调查问卷的长度要适当

体育调查问卷的长度要适当。如果问卷设计的题目过多、过长，就会引起被调查者的反感，从而影响他们在填写调查问卷时的积极性。如果问卷的长度过短或问题过少，研究者就不能全面地获取所需要的信息。

（三）调查问卷的回答方式及其设计

调查问卷的回答方式分为开放性回答和封闭性回答两种。

1. 开放性回答

开放性回答就是某些问题没有特定的答案，由被调查者根据自己的理解和内心的想法自由填写。开放性回答的灵活性较大，适应性较强，而且被调查者在回答这类问题时不受任何的限制，会拥有更多自由回答和自我表达的机会，同时在回答问题的过程中，被调查者还能提供一些较为丰富的、具有较强启发性的材料。开放性回答一般用于预测和估计等探索类问题。

2. 封闭性回答

封闭性回答即研究者在设计这一问题答案时，首先应该将有可能作为问题答案的选项详细列出，供被调查者选择。封闭性回答比较容易，一方面能够为被调查者提供更多参考内容，有利于打开被调查者的思路，为被调查者节约更多的作答时间。另一方面，对于研究者而言，有利于调查问卷的回收和数据的统计分析。封闭性回答的方法主要包括填空式、选择式、表格式等。

为了更好地完善调查问卷，可以将两种问答方式结合起来设计问卷，以适应各种问题，便于研究者了解和掌握体育教学信息。

二、教学观察法

教学观察法实际上就是体育教学研究者对体育教学过程中所涉及的一些行为进行观察，在观察的过程中收集研究性资料的方法。教学观察法是在体育教学研究中运用得最多的一种方法。

（一）教学观察法的特点

教学观察法之所以会成为教学研究领域普遍应用的方法，主要是因为其具有以下三个方面的特点。

1. 主观针对性

教学观察法最大的优点就是它具有极强的主观针对性。观察者可以在观察的过程中灵活地选择被观察的对象，这样就能主动地排除一些与研究无关的影响因素，使观察更具有针对性。

2. 客观真实性

所谓客观真实性，是指所观察的对象和内容都是客观存在的，具有真实性、可靠性与科学性。

3. 集体合作性

由于体育教学的特殊性和复杂性，在采用观察法进行研究时往往会比较复杂，这就需要有很多人的合作。在观察前期，对参加观察法调查的集体成员进行培训，培养他们的合作意识，这样才能保证调查研究过程中观察的质量。

（二）教学观察法的类型

根据笔者对教学观察法进行的研究，可以按照观察的方式将教学观察法分为临场观察法、实验观察法、追踪观察法等。

1. 临场观察法

临场观察法实际上就是观察者直接处于观察对象所在的现场而进行的一种观察方式。临场观察法能够使观察者及时地掌握观察对象的变化，以便对其做出快速的反应，同时还能够使观察者身临其境地感受观察对象所处的环境，有利于体育教学研究的开展。

2. 实验观察法

实验观察法就是通过观察者亲身实验而进行的一种观察方法。实际上就是将观察与实验完美地融为一体，使观察者能够及时测量和观察实验过程中的指标变化，从而获得有关实验的结果，为教学研究提供更多可供参考的研究条件。

3. 追踪观察法

追踪观察法所观察的是一个事物发展变化的过程，其所需要花费的时间较长。追踪观察法虽然会花费观察者很多的时间和精力，但是能够使观察者得到更多有关体育教学的实际情况。

（三）体育教学观察计划的制订

体育教学的观察计划实际上就是确定体育教学观察的步骤、制定与安排的体育教学程序，换言之，就是对体育教学观察法实行方案的研究。它在整个体育教学观察法中占据很重要的地位，是从事体育教学研究的工作人员进行观察的依据。笔者通过对体育教学观察计划的研究，将计划的制订分为以下三步。

1. 明确观察的目标与任务

观察的目标与任务是从事体育教学观察的前提和基础，是观察过程的指导思想，在整个观察过程中起到非常重要的作用。

2. 选择观察的对象和指标

选择观察对象时要注意选取一些具有代表性的对象，这样所得到的结果也较有代表性和说服力。确定观察的指标也是观察过程中非常重要的一部分，要注意指标的有效性和客观性。

3. 确定观察的步骤

确定观察的步骤就是梳理观察的操作环节，只有确定观察的步骤才能保证观察的过程井然有序，从而保证观察的科学性和有序性。

三、教学实验法

教学实验法是在教学研究的过程中对所确定的研究假说进行可行性验证的方法。因为体育教学是一项对实践性要求极强的教学，所以每一种新的教学理论或教学方法的推行都应该经过教学实验法的甄选和过滤，确保教学理论和方法的可行性。

（一）教学实验的类型

在对体育教学进行研究的过程中，按照教学实验过程中所涉及的因素，可以将教学实验分为单项实验、综合实验和整体实验三种类型。

1. 单项实验

单项实验实际上是根据实验对象或实验因素而命名的，所以单项实验实际上就是对体育教学研究过程中的一个因素进行操作，以观测其行为效果的实验。在单项实验的操作过程中，实验者能够有效地控制实验变量，把握实验进行的方向。

2. 综合实验

综合实验就是在体育教学研究过程中，对其中有共同特性或者有密切联系的内容进行综合研究的一种实验。综合实验一般适用于对有密切联系的几个因素进行操作，便于对实验进行整体性的控制。

3. 整体实验

整体实验是对体育教学过程中某一个独立的整体结构进行全面的、深入的实验操作。整体实验相对而言是一个规模较大的实验，需要同一地区的体育教学研究者共同参与，并且在实验过程中兼顾体育教学中涉及的诸多因素。

（二）教学实验的基本因素

任何一个完整的教学实验都是由自变量、调节变量、因变量和干扰变量共同组成的，每一种变量都在实验中发挥着重要的作用，应该处理好这几个变量之间的关系，以保证实验的有效性。

1. 自变量

所谓自变量，就是不固定的因素，它会随着外界环境的不同而发生变化。虽然自变量难以有效地加以控制，但是自变量的有效利用能为教学研究带来意想不到的效果，促进教学研究成果不断优化与完善。

2. 调节变量

调节变量一般也可称为次变量，在实验过程中它会导致自变量发生改变。由于调节变量有助于研究者对自变量效能和性质的研究，促进教学实验的进行，因此认识和研究调节变量具有重要意义。

3. 因变量

因变量实际上就是自变量的附属体，是在自变量不断变化下产生的一种变量。例如，在体育教学过程中，学生的发展会导致教学模式的变化。因变量是为了保证自变量更好地发展而存在的。

4. 干扰变量

干扰变量是不利于教学实验研究的变量，它的存在会对教学实验产生不同程度的干扰，影响研究者对教学实验的归纳和总结。因此，在教学实验过程中，应该严格控制干扰变量，以防其对教学实验造成不利影响。

（三）教学实验设计

教学实验设计是教学实验的中心环节，也是教学实验过程中最为重要的环节，教学实验设计的好坏将直接影响实验的成果，继而会影响整个体育教学研究的效果。因此，在教学实验过程中要注重对实验设计的掌握，对教学实验而言，其所涉及的实验设计一般包括以下三类。

1. 单组末测实验设计

单组末测实验设计是教学实验过程中经常采用的一种实验设计方案，方法是从所实验的对象中挑选一个班或一个实验小组，向这个班或实验小组引入一个与体育教学研究有关的变量，在经历了一段时间之后，收集这个班或实验小组的测评结果，然后将这个测评结果与最初的状态相比较，这样就可以进一步证实实验效果的真实性。

2. 单组始末测试实验设计

单组始末测试实验设计能够帮助研究者更清楚地了解小组在实验前后的水平，以确定实验效果，使实验效果更具有说服力。这样的教学设计一般适用于较容易把握的教学变量，但是不适用于一些研究者无法把握的变量。

3. 单组纵贯重复始末实验设计

单组纵贯重复始末实验设计实际上就是通过实验效果的反复对比，确定实验的效果。这样的实验设计十分强调充分对比的周期性，应尽可能地保证实验对象的稳定性。

四、测量法

测量法顾名思义就是利用某种工具或器材进行测量，进而得出测量数据，利用这些测量数据对教学进行把握和研究的方法。下面对测量法进行简单的介绍。

（一）测量的类型

体育教学涉及的内容较多，因此体育教学研究中的测量包括物理量的测量和非物理量的测量。所谓物理量的测量，是指利用某种直观的器械进行测量，从而得到具体数据的过程，如学生的身高、体重、血压等。非物理量的测量是指利用简单的器械无法获得测量结果，只能借助某种标准进行比较或统计的测量方法获得，如心理承受能力、社会适应能力、人际交往能力等。

（二）测量的效度和信度

对于任何一种测量而言，测量的准确性和可靠性是保证测量质量的两个基本要素，下面对测量过程中的效度和信度进行基本分析。

1. 测量的效度

测量的效度是指测量所得到数据的有效性。对任何一项研究而言，测量得到的一定是研究过程中需要进行分析的数据，是研究的条件和依据。为了保证研究的科学性，就需要保证测量所得数据的效度，主要包括以下三个方面。

（1）内容效度。内容效度指的是测量内容的有效性，主要是表现所要测量内容的特征。例如，要测量一个年级学生的体能特点，那么测量的对象和内容就应该是学生的体能，这就是内容效度。

（2）结构效度。结构效度是达成所测量内容的一种方法和构想，就是检验测量数据是否真正关系到所要研究问题的理论构思。例如，成绩测量的结构效度，强调以分数来解释测量过程和方法，而不是以学生的年龄或体能。

（3）同时效度。同时效度是选用一种已经被认为有效的测量作为标准，在测量的过程中，由测试者根据在新测试和有效测量中分别获得的数据来估计效度的高低。例如，在对学生表现成绩进行测量时，由学生和教师按照拟订好的测试标准进行打分，如果得分结果相差不大，那么就说明这一测试的效度较高。

2. 测量的信度

测量的信度又被称为测量的可靠性，这是对测量结果和过程真实性的评价指标，如果测量的信度较高，那么不仅受到外界干扰的概率较小，而且测量的效度也会较高，能够准确无误地测量出测量对象的特征。测量过程中，无关变量对测量结果的影响越小，那么测量的信度就会越高。为了保证测量结果的准确性，通常要对测量信度进行检测，检测的方法一般包括重测法、复份法、分半法和内部一致性法。

重测法表示测量过程的重复性，为了更好地检测某种测量方法和标准的测量效度，在测试一段时间后，以同样的方法和标准再次进行测试，如此反复，通过两次或多次测量数据的对比，分析测量信度的高低。

复份法就是在对统一测试对象进行测试时，用两份资料或者试题进行测试，然后计算并分析两种测量所得数据的关系。这样一方面能够避免重复测试给被测者带来精神上的疲劳，另一方面也能有效地提升测试的效度。

分半法是在测量的过程中将测试的全部试题分为奇数部分和偶数部分，经过一次测量之后，检测两边分数的关系。分半法较前面两种方法而言更为简单。

内部一致性法是目前较为流行且效果较好的一种测量方法，它是指经过对被测试者和测试内容的分析，从测量的构思层次入手，使测试的项目形成一定的内部结构，并根据内部结构的一致程度判断测试的信度。

（三）测量法的要求

测量法是体育教学研究中较为常见的一种方法，以数据为主导，因此在测量的过程中需要强调数据的真实性，其要求主要包括以下三个方面。

1. 数量化

教学研究中的测量法与其他方法最本质的区别，就是把所研究事物的某种属性或特征以数据的形式表现出来，并且用可以比较的数字计算结果。

2. 保证测量的效度和信度

测量法主要是靠数据反映，因此应保证测量的效度和信度，这是衡量测量科学性和有效性的关键因素之一，所以对于测试者而言，测试过程中应该尽量排除无关变量的干扰。

3. 采用适宜的数据处理方法

测量得到的数据是测量结果进行参考、比较的依据，因此在测试的过程中，除了要保证测试的效度和信度，还要强调数据单位的一致性，并采用适宜的数据处理方法。

第二章　体育教学内容

第一节　体育教学内容概述

体育教学内容是体育教学研究者在进行体育教学时的主要参考，因此体育教学内容在体育教学研究中占据非常重要的地位。再加上体育教学内容所涉及的知识点较为繁杂、宽泛，因此对于任何一个体育教学研究者而言，体育教学工作必须建立在对体育教学内容充分了解的基础上。

一、体育教学内容的概念

笔者根据多年来对体育教学的研究与认识，并结合对体育教学内容的理解，将体育教学内容定义如下：体育教学内容是依据当前国家总的教育方针和社会对体育教学的需求选择出来的、根据对学生身体条件和学校教学条件的深入分析和研究、在体育教学环境下传授给学生的一种体育锻炼活动。

体育教学内容是根据体育教学的目标进行选择的，是根据学生在成长过程中的发展需要，以及体育教学过程中必备的教学条件最终整理而成的，并且是随着社会需求的发展而不断变化的。

体育教学内容主要是针对教学对象的大肌肉群的运动而进行的，具有很强的实践性，主要包括身体的锻炼、运动型教学的比赛、运动技能的获取等。

诸如语文、数学、英语等学科知识的传授可以在教室内完成，学生可以通过对书本的反复研读，最终获得一定的知识和技能。但是对于体育教学而言，其所有的运动技能的传授，都必须在体育教学活动中完成。

二、体育教学内容与体育运动内容的区别

众所周知，体育教学内容是保证体育教学正常进行的有力保障，但是其

与体育运动内容之间也有着非常细微的差别。作为体育教学者或研究者，清楚地掌握它们之间的差别有助于不断深入了解体育教学内容。经过深入的分析和研究，笔者对体育教学内容和体育运动内容之间的区别进行如下介绍。

1. 服务的目的不同

体育教学内容是以教育为主的，其服务的目的是促进学生身心健康发展，其内容偏于理论性，对教学活动具有指导意义。体育运动内容是以提高竞技运动水平、夺取胜利为主的，其服务的目的较偏重于教学内容的娱乐性和竞技性，对教学活动而言具有很强的实践性。

2. 内容的改造要求不同

随着时代的不断进步，体育教学内容需要根据时代的变化和社会的需求不断改变，以保证体育教学内容能够满足社会培养人才的需要。因此，需要对体育教学内容进行必要的改造、组织和加工，而体育运动内容不必进行这种改造。

三、体育教学内容的发展

体育教学内容和其他教学内容一样，是随着社会和教育事业的不断发展而发展的。但是，与其他教学内容相比，体育教学内容的形成和完善还处于发展阶段。笔者根据多年来对体育教学内容的研究，认为体育教学内容的发展主要来源于以下四个方面。

（一）体操和兵式体操

古代体育的主要形式是兵式体操，由国家专门机构指导参加训练的士兵进行列队、射击、剑术等战术的操练。后来，随着兵式体操训练的不断改进和制度的不断优化，体操最终成为今天体育教学中的内容之一。

（二）竞技类体育运动

我国早期出现的竞技类体育运动有骑技比赛、蹴鞠比赛等，后来随着人们对竞技类体育运动的兴趣不断增加，这类体育运动的发展日趋完善，最终成为一种正规的体育运动。工业革命以后，随着人们生活水平的不断提高，英、美的体育游戏迅速发展成为一种近代的体育运动，如足球、篮球、棒球等。而后，这些体育运动传到世界各地并流行起来，迅速在各国的学校教育中开展，再加上这些体育运动具有很高的娱乐性，因此深受广大青少年的喜爱，最终演变成体育教学活动中的重要内容。

（三）武术和武道

在古代的学校教育中，体育教学多是以武术教育的形式体现的，体育教学内容也大都是一些具有军事针对性的武术内容，这种运动不仅可以强身健体，而且能防身，因此迅速成为当下流行的一种体育教学内容，在社会上展现出独特的魅力，这也构成了"武术"和"武道"的基础。再加上这些运动对人的精神和意志方面的培养有其他理论知识和教育学科所达不到的作用，因此这类型的体育活动深受人们的关注和喜爱。鉴于这种原因，由"武术"和"武道"为原型构成的运动项目成为体育教学中的一种正式的教学项目，受到很多国家的关注。

（四）舞蹈与韵律性体操

舞蹈是人类最古老的艺术形式之一，是从古至今人们最喜爱的活动之一。在社会发展的历程中，随处可以见到舞蹈的影子，研究各国文化发展的历史可以发现，舞蹈是世界上很多国家民族文化的重要组成部分，在民族文化的形成、民族之间的交流中占据着举足轻重的地位。除了舞蹈，韵律性体操也因为具有很多体育爱好者追求的美感和锻炼效果，逐渐登上体育锻炼的舞台。而且，在韵律性体操的基础上又出现了艺术体操、健美操等。传统舞蹈经过不断的改进和提升，形成了多样的民族舞蹈、体育舞蹈等。舞蹈和韵律性体操能够陶冶身心，并且在培养机体的美感和节奏感等方面也具有非常重要的作用。因此，舞蹈和韵律性体操逐渐成为体育教学内容的重要组成部分。

研究表明，以上四类体育教学中所涉及的内容在体育教学中所占有的比例不同，并且每个国家在进行体育教学的过程中对其重视的程度也有所不同。

四、体育教学内容的特点

（一）体育教学内容的功能具有多样性

体育教学内容起源不同，又受到所处文化形态的影响，这就决定了体育教学内容具有不同的功能，人们对体育教学内容的判断也必然会受到其传统起源的影响。因此，在进行体育教学时，要遵循因材施教的原则，这样才能保证体育教学顺利进行。

（二）体育教学内容的更新速度较快

体育教学本身对实践性要求较高，体育教学中所涉及的因素也非常多，受当前体育教学有关方针的影响，再加上体育教学本身受到地域、经济、政治、文化的影响较大，因此体育教学研究者在进行体育教学时的工作难度较大。要想与时俱进地开展体育教学，就要根据社会的需求不断地更新教学内容。

（三）体育教学内容之间是一种平行的关系

体育教学虽然涉及的内容较多，但是各内容之间并没有太多的联系和牵制，各内容之间是一种平行的关系。比如跑步和跳远，就是相对平行的两个内容，在教学过程中，两者之间没有太大的联系。

（四）每一种体育教学内容被赋予的教学任务不同

体育教学内容具有很强的时代性，不同时代的人对于体育教学的要求不同，因此每一种教学内容所承担的教学目标和任务也就不同，例如：在体育教学中开展各种体育锻炼是为了提升学生的体育素质；进行比赛是为了培养学生的团队精神、合作意识等综合素质。因此，在进行体育教学或选择教学内容时，应该仔细地分析教学目标，以便对教学内容进行梳理和选择。

五、体育教学内容与教育内容的共性

体育教学内容是教育内容的一个组成部分，它与教育内容具有一些共性，这些共性主要表现在以下三个方面。

（一）教育性

体育教学内容是对受教育者进行身体健康教育和心理陶冶教育的参考，当体育教学研究者和教学内容组织者将众多的运动项目选为体育教学内容时，首先想到的就是这些运动项目本身所具有的教育性。体育教学内容的教育性主要体现在以下三个方面。

1. 有利于学生身心健康

体育教学是通过指导学生身体的运动和一些竞技性的小组活动，促进学生的身心健康发展的一种教学。体育运动本身就是一种肌肉群的活动，它能够通过身体的锻炼来增强学生的体质，通过各种小组教学活动和竞技类活动的开展来培养学生的综合素质。

2. 对学生成长具有积极的影响

体育教学内容主要是一些具有深刻影响意义的内容，能矫正学生的心态，培养学生坚强的意志，影响学生价值观的形成，对学生的成长具有积极的影响。

3. 内容的设计具有普遍性

体育教学内容所面对的是教学活动中的全体学生，因此所选择的教学内容具有普遍性。所谓普遍性就是指教学内容要保证适应大多数人群，这样才能达到教学的统一，有利于教学的开展和进行。

（二）科学性

由于体育教学本身就是以学校教育为主要形式进行的有计划、有组织、有目的的教育活动，并以教育和培养青少年健康发展为主要目的，因此体育教学内容也应该与学校教育范畴中的其他教学内容一样，保证其具有很强的科学性。经过多年对体育教学经验和教学内容的研究和分析，笔者将体育教学内容的科学性表现划分为以下三点。

1. 体育教学具有很强的针对性

体育教学的对象是广大青少年，其目标就是培养社会所需要的身心健康且全面发展的人才。再加上体育教学内容是对人类文明的反映和表现，同时体育锻炼的实践性也使得人们不得不重视这一过程，因此体育教学具有很强的针对性。

2. 教学内容符合学生的需求

在对体育教学内容进行筛选时，为了保证体育教学内容能够更好地为学生服务，体育教学研究者要对教学内容进行反复的筛选，使其能够符合学生的身体发展需求和社会需求。同时，体育教学内容具有很强的指导性，可以为教学过程提供参考和依据。

3. 遵循体育教学的规律和原则

任何一门学科的教学都要遵循其特定的规律和原则，这是保证教学目标顺利实现的基本条件之一。体育教学涉及的内容较多，较为复杂，为了保证教学过程能够按照目标的方向进行，在选择教学内容时应该遵循体育教学中特定的科学规律和原则，保证体育教学的科学性。

（三）系统性

体育教学是一门繁杂的学科，不仅所涉及的内容较为繁杂、范围较为宽泛，而且对教学目标的要求也较高。因此，在进行教学内容的梳理时，应该根据知识之间的系统性进行组织和安排。通过对体育教学内容的研究可以发现，体育教学内容的系统性主要表现在以下两个方面。

1. 教学内容本身的系统性

通过以上对体育教学内容的介绍可知，体育教学内容具有很大的复杂性，但是每一个知识内容之间又表现出一定的联系性和逻辑性。例如，安排低年级的学生学习体育时，首先应该培养学生的方向意识，先通过"向左转、向右转、立定、向后转"等一些简单指令培养学生的方向意识，然后对学生进行各种体育教学内容的训练。由此可知，体育教学内容本身就具有系统性。

2. 体育教学目标的系统性

在体育教学的过程中，需要根据体育教学的特点、学生的成长特点和教学环境等，深刻掌握体育教学过程和教学内容之间的规律性。必须根据学生的成长过程系统地、有逻辑地安排各个学校、各个年级的体育教学内容，并处理好它们之间的相互关系，将体育教学贯穿于教学的始终，这就是体育教学目标的系统性。

六、体育教学内容的特性

体育教学内容除了具有教育内容的共性，还具有很多专属于体育教学的特性，这些特性在体育教学过程中发挥着非常重要的作用，主要包括以下四个方面。

（一）实践性

众所周知，体育教学内容主要是一些具有教育意义的运动项目，并且需要学生肢体和大肌肉群的共同作用才能完成，因此运动实践是体育教学中的一个较为突出的特点。一般学科都是通过教师的课堂讲授，加上听、说、读、写等一系列训练完成教学任务的，而体育教学内容仅仅依靠听、说、读、写这种相对静态的方式是无法保证完成的，需要在特定的场地通过一定的体育运动才能完成。虽然国家规定的体育教学目标中包括对学生的心理健康的教育，但是这种教育也是通过某种体育活动的开展让学生体会到的。由此可见，体育教学内容具有实践性的特点。

（二）娱乐性

通过之前对体育教学内容的介绍可知，体育教学内容主要来源于生活、军事和艺术等方面。例如：武术来源于古代军营；体操、健美操、舞蹈等来源于艺术行业；跑步来源于日常生活。适当的运动或者竞赛活动会让学生获得身心上的放松或者是身体上的改变，如篮球、足球、乒乓球等，这些运动能够丰富学生的业余生活，促进学生之间的交流，使学生在运动中获得快乐，这就是体育教学内容娱乐性的表现。

（三）健身性

体育教学的目的之一就是增强学生的体质，保证每一位学生都能拥有健康的体魄。因为体育教学内容有很大一部分是以大肌肉群运动为主要形式的技能传授与练习，因此很多能为身体带来动能的体育运动都会增加学生身体中的运动负荷。再加上青少年正处于身体发育的关键时期，适当的体育运动能够促进他们的身体成长，提高他们的肺活量和身体承重力，不断激发他们身体内部的潜能，从而会达到强身健体的目的。

（四）开放性

体育教学内容和其他学科教学最大的区别就是体育教学内容具有很强的集体性，注重对学生的人际交流能力、团队合作能力等社会性能力的培养。再加上体育教学内容中所涉及的很多运动项目都需要小组或者集体共同完成，并且需要全体成员充分地发挥自己的作用才能更好地完成，从这一方面来看，其教学内容具有很强的人际交流开放性，有利于对学生人际关系的培养。

第二节　体育教学内容的目标及要求

体育教学的内容来源于人类发展的各个时期，其教学内容的目标和要求都具有很强的时代性。这主要是因为体育教学内容由当地民众的文化水平、地域气候条件、社会政治经济发展状况、生产力水平、科学技术水平等因素决定。为了帮助更多的体育教学研究者认清体育教学内容目标和要求之间的关系，笔者结合自身的经验和知识，以及对实践教学的分析和观察，在本节中对各种体育教学内容的目标和要求进行简单的介绍。

一、传统性体育教学内容的目标和要求

传统性体育教学内容主要是指运用传统的教育方法对学生进行体育运动技能培训，是体育教学内容中一直存在的锻炼项目。虽然体育教学内容随着时代的不断更迭而持续变化，但是传统性体育教学内容因其积极的教育作用，仍然在教育界中占据很重要的地位。下面笔者将对一部分传统性体育教学内容的目标和要求进行简单的叙述。

（一）体育保健

体育保健教学内容的目标：通过体育保健基本知识和原理的传授，让学生深刻地认识到体育教学在人的成长过程中的重要作用，以及学习体育运动对国家、社会的重要作用，从而激发学生进行体育锻炼的使命感，使他们自觉地参加体育锻炼。除此之外，通过对体育保健基本知识和原理的学习，学生能够了解一些体育学习的必要知识，形成对体育教学的正确认识。

体育保健教学内容的要求：体育保健教学内容的编写应该结合当前社会的状况、学生的实际需求等方面进行，并且精选一些对学生的实际生活和成长有较重要影响的体育运动项目，保证内容的真实性和目的性。同时，在对这类内容进行教学的过程中，要结合实际操作进行演示，这样有利于学生掌握和接受。

（二）田径运动

田径运动是常见的运动项目，其主要包括跑步、跳高、跳远、投掷等内容。田径运动教学内容的目标：通过这项运动，学生能够了解田径运动的一般规律和基本知识，清楚地认识到田径运动对他们成长过程中的身体素质培养的重要意义，掌握一些田径运动相关的基本原理和方法，掌握一些基本的田径运动技能，通过生活中的不断练习，达到增强学生体质的目的。

田径运动教学内容的要求：在设计田径运动教学内容时，不应该单单从竞技类运动的角度划分、分析田径运动的教学内容和作用，应该从文化、运动特点、技能作用等多方面进行教学内容的设计和组织，这样才能让学生更科学地掌握田径运动的基本知识，并且将获得的田径运动知识和技能正确地应用到健身实践中去。由于田径运动会使肌体产生一定的负荷，且负荷强度太高会对肌体造成一定的损害，强度太低则达不到运动的效果，所以在教学过程中，应该根据学生的身体特点进行灵活的教学。

（三）体操运动

体操运动是体育教学中的重要组成部分，由于其对人体的平衡和形体的训练有着非常积极的作用，体操这一运动颇受广大青少年的喜爱。体操运动教学内容的目标：第一，在教师的指导下，让学生充分地了解体操运动文化，了解体操运动对人体健康的作用；第二，让学生掌握一些基本的体操运动技能和方法，使学生能够在日常生活中用体操来锻炼身体；第三，让学生能够安全地从事体操运动，并且掌握一些体操比赛的基本常识和技巧。

体操运动教学内容的要求：体操不仅能锻炼人体的平衡性、协调性和灵活性，而且能对学生进行心理方面的积极引导和教育。因此，要从竞技、心理和生理等多角度来对体操教学内容进行分析。在教学内容的编排上要保证一定的层次性，不能总是停留在低水平的层次上。在教学过程中，要根据学生的身体特点，开展合理的训练，如有些平衡能力较差的学生，应该对其进行更多有关平衡能力的练习，做到因材施教，这样才能保证教学质量的提高。

（四）球类运动

球类运动是一种常见运动，主要包括足球、篮球、乒乓球等运动。球类运动是一项充满活力和竞技趣味的运动，很受当今的青少年喜爱。球类运动教学内容的目标：第一，让学生充分地了解球类运动的基本概念和球类运动中的一些比赛规则；第二，使学生能够掌握一些球类运动的技能和技巧，以及参加球类运动比赛的基本技能和常识性知识。

球类运动教学内容的要求：球类运动虽然是一项群众性的运动，但其技巧和方法较为复杂，因此，在筛选教学内容时不能只对球类的单个技能进行教学，而忽视其与比赛之间的联系，否则就会失去球类运动的基本特性，同时还要注意教学内容选择的顺序性与实战性之间的联系。在教学过程中，要注重对技能的训练和对学生团队合作精神的培养。

（五）韵律运动

韵律运动其实就是一些类似于舞蹈、健美操、体操等的运动项目，韵律运动与其他运动最大的区别就是将舞蹈与运动相结合，在音乐节奏的作用下，实现了两者的完美结合，因此韵律运动是当今女性尤其喜爱的一种运动。韵律运动教学内容的目标：使学生了解韵律运动的基本特征，了解从事这一项运动所应该遵循的基本原则和规律，掌握一些基本的技巧和套路。除此之外，通过对此课程的学习，塑造学生优美的形体。

韵律运动教学内容的要求：因为韵律运动是一项表现运动，同时又是一项塑造形体的运动，不仅涉及音乐、艺术方面的因素，还涉及美学方面的知识，因此韵律运动教学内容应该从学生审美观的培养、对舞蹈音乐的了解和掌握等方面全面地、多角度地加以考虑。韵律运动教学内容还要强调对学生创新能力的培养。

（六）民族传统体育

民族传统体育反映一个民族发展的历史，代表这个民族的精神和文化。通过对民族传统体育的了解和研究，将其教学内容的目标确定如下：第一，借助这些民族传统体育的讲授，让学生对民族文化有更深的了解；第二，使学生学到一些民族传统体育的技能，既可以防身又可以继承和弘扬民族文化，如中国武术。

民族传统体育教学内容的要求：在编排内容时，不仅要结合学生的特点及现代人的生活方式，还要强调内容的文化性和实用性，特别是对民族传统体育文化背景和意义的介绍和揣摩。在教学过程中，要注意对学生兴趣的培养。

二、新兴体育教学内容的目标和要求

随着社会的不断发展，人们生活水平日益提升，科技不断进步，促进了各国政治、经济、文化的迅速创新和发展。在这种社会背景下，新的体育运动项目也逐渐兴起。研究新兴的体育教学内容有助于优化体育教学的结构。通过对体育教学内容的不断研究和分析，可以将新兴体育教学内容总结如下。

（一）乡土体育

近年来，随着教育改革的不断深入，创新教育内容不断地对课程资源进行开发，引起了广大体育教学研究者的重视，一些具有积极锻炼意义、散发着浓烈的乡土气息的运动项目重新登上体育教学的舞台。乡土体育运动的教学目标：让学生对民间体育和民俗风情有更深的了解，使学生掌握一些具有地区特色的民俗体育知识和技能，促进当地传统文化的继承和传播。

乡土体育教学内容的要求：由于这类体育项目来自民间，具有民俗文化的传播作用，因此要注重其内容的文化性、安全性、锻炼性和规范性，同时剔除一些不利于文化传播或正能量传播的因素，摒除一些错误的实践。

（二）体适能与身体锻炼

随着社会对学生的身心健康全面发展的要求的不断提高，一些针对性较强的体育锻炼作为培养学生身体健康的运动被正式带进课堂。这些内容与教师对此运动的实践技能相结合，共同发挥着提高学生的身体素质和运动素质的作用。体适能与身体锻炼教学内容的目标：体育教师应该通过这一部分教学内容有效地锻炼学生的身体，让学生掌握更多实践锻炼和运动的原则和方法，帮助他们更好地提升运动技能。

体适能与身体锻炼教学内容的要求：这是对学生体适能的锻炼，因此要结合学生身体素质的状况，遵循体育锻炼时的基本规律，要注意锻炼的针对性、科学性和时效性，同时注意内容应该符合国家规定的关于学生体质健康的实行标准。

（三）新兴体育运动

由于新兴体育运动教学的内容具有时代性，因此教师在教学时要注意对体育教学目标的掌握。现经过分析和研究，笔者将新兴体育教学内容的教育目标总结如下：使学生掌握一些比较流行的体育运动文化，提高学生对新兴体育运动教学内容的兴趣，同时提高体育教学在终身教育方面的实用性，从而提高体育教学的质量。

新兴体育运动教学内容的要求：它是一种新兴的体育教学内容，所以在选用这种教学内容时，首先要保证其符合教学条件的基本要求，其次要注意体育教学内容的文化性、教育性、安全性和实践性，同时注意对教育内容的筛选，杜绝不利于学生成长的体育内容。

（四）巩固和应用类课程的基本教学内容

巩固和应用类课程的基本教学内容是新课标要求下的一种教学内容，而且是随着活动课程的发展而不断形成的。巩固和应用类课程的教学内容的目标是通过对此类教学内容的学习来巩固学生有关体育教学的基本知识和技能，并能够将其与运动实践相结合，借此提高学生的体育锻炼技能，以及在参加体育活动方面的常识和能力。

巩固和应用类课程的基本教学内容的要求：在选用教学内容时，应该注意将其与学科内容和体育教学内容完美地融合，同时注意对内容的延展性和应用性的掌握，注意对学生在体育教学活动中的创新能力和创新意识的培养，使学生能够进一步拓展所学习到的知识和技术。

三、我国体育教学内容的发展和改革

（一）体育教学内容的发展趋势

体育教学内容都是从人们传统的生活方式和生活习惯中演变而来的，但是由于时代的不同，体育教学内容也产生了不同程度的变化。笔者将体育教学内容的发展趋势总结如下。

1. 正规的体育运动项目迅速兴起

人们对体育教学的认识及对体育教学的重视程度逐渐提高，随着现代竞技体育运动的不断兴起和普及，其逐渐取代了乡土体育教学的内容。

2. 对体育教师的要求较高

随着新课标的推行，体育教学内容的数量正在不断减少，但是随着体育大纲教学目标的强度不断加大，体育教学内容的难度却有所增加。这就要求承担体育教学工作的教师必须由受过专门体育训练的人员担任。

3. 体育教学的娱乐性因素在减少

随着教育事业的不断创新和发展，体育教学也在素质教育的推动下逐渐发挥了其重要作用。目前，体育教学成为社会培养全面发展人才、培养健康体魄学生的重要途径。在这一背景下，体育教学逐渐淡去了其本身具有的娱乐性，加大了对锻炼性的要求。

4. 运动器材的正规化

体育运动已经作为一种正规的体育教学手段，被推上了教育的舞台，并且得到了足够的重视。随着科学技术的不断发展，一些新型的具有锻炼意义的正规体育器材也被应用于教学情境中。

（二）体育教学内容的改革

通过上述对体育教学发展趋势的分析可以看出，体育教学内容虽然日益正规，但是却很单调，技术难度在不断加大，娱乐性在不断减少，长此以往，学生会逐渐降低对体育运动的兴趣。针对这种情况，必须进行以下体育教学内容的改革。

1. 改变体育教学内容中的生硬化

体育教学内容的生硬化将会使体育教学变得枯燥无味，并降低学生对体育运动的兴趣，不利于教学效果的加强和教学质量的提高。因此，当前应该改变体育教学内容生硬化这一现象，使学生重新燃起对体育运动的兴趣。

2. 解决体育教学内容与学生社会体育活动之间的差异

体育教学内容的原型来源于人们的日常生活，也正因如此，体育教学内容与学生社会体育活动联系了起来，有利于学生掌握和巩固体育知识和技能。因此，应该解决体育教学内容与学生社会体育活动之间的差异，推进体育教学的群众性和实践性。

3. 提高学生的体育兴趣

兴趣是促进学生更好学习的催化剂，但是随着近几年来体育教学内容去娱乐性的特点，很多学生觉得目前较为正规的体育教学变得枯燥无味，逐渐对体育学习失去了兴趣。这对于体育教学而言是非常不利的，因此教学内容应该重视其娱乐性，提高学生对体育学习的兴趣。

4. 多增加一些具有民族性的体育内容

体育教学内容中应该多增加一些具有民族性的体育教学内容，提高学生对民族文化的认识度，促进民族体育文化的传播。

第三节　体育教学内容的分类

对体育教学内容的层次和分类方法的研究，是研究体育教材的基础，也是多年来我国体育教学尚未解决的问题，而且在实际教学过程中还出现了很多明显的分类错误。为了更好地解决体育教学内容中关于层次和分类的问题，本节对此进行深入的研究。

一、体育教学内容分类的重要性

对内容进行层次和分类的主要目的是对这些内容进行整合和归类，据此加深人们对此内容的认识。对体育教学内容的层次和分类进行研究的目的，是便于体育教师在体育教学的过程中对教学内容进行梳理和讲授，让体育教师建立更加清晰的体育教学内容体系，保证体育教学内容与体育目标之间的联系更加紧密，也便于体育教学研究者对体育教学过程进行合理安排。

但是，由于体育教学内容较其他学科的教学内容而言具有很大的特殊性，再加上体育教学内容所涉及的知识较为复杂，体育教学内容的分类一直是困扰体育教学工作者和研究者的主要问题。自从体育教学逐渐成为学校教学内容之一并受到普遍关注以来，体育教学研究者就对体育教学内容进行了很多不同的划分和研究。因此，体育教学内容的划分是一个多角度、较为复杂的工作，这主要还是由体育教学内容的复杂性决定的，也是由体育教学内容的多功能性、多价值性决定的。

在我国进行体育课程和教材建设的过程中，很多体育教学研究者遇到了体育教学内容分类上的难题，虽然这是体育教学研究者一直致力研究和解决的问题，但是从目前来看，其结果不容乐观。这也直接影响了我国体育教学的发展和进步。

二、体育教学内容分类的方法和层次

研究国外体育教学的发展历程可以看到，国外在体育教学内容的分类上有很多方法，很多体育教学研究者对其还进行了较为深入的研究，其中较为著名的就是德国体育学者所研究的分类方法，即多角度地对体育教学内容进行分类。例如：从心理学的角度，主要依据"教学指导心理"和"心理负荷"两个方面对教学内容进行分类；从运动类别的角度，主要根据运动群体进行分类；从解剖生理学角度，主要根据身体部位和关节部位进行分类。除此之外，还有从社会学角度、实践指导角度、发展角度进行体育教学内容分类的。

我国体育教学研究者也对体育教学内容的分类做了很多的研究，依据笔者掌握的内容来看，我国对于体育教学内容的分类也有多种方法。例如：根据人体的基本活动能力进行分类；根据运动者的身体素质进行分类；根据教学目的进行分类；根据运动项目进行分类；还有现在使用的交叉综合分类法；等等。

以上是国内外各种关于体育教学内容的分类方法，可以从中获得以下两点启示。

（一）体育教学内容的分类方法具有多样性

体育教学内容的分类具有多样性，这种多样性主要取决于研究者观察、审视体育教学内容的角度和方向。因为体育教学内容较为繁多复杂，因此在对其进行分类时，要多角度地、全面地对内容进行分类和整理，保证其内容的合理性和科学性。

（二）注意体育教学内容的层次性

为了避免体育教学内容的分类较为繁多，可以先根据其层次的不同进行具有层次性的分类，然后在此基础上对其进行系统的分类，这样的分类方法较为清晰明了，而且便于教学的开展。例如，在进行篮球教学时，首先进行运球技术的教授和训练，然后进行传球技术、投球技术的训练，这样有层次的教授和练习有助于学生对知识和技能的掌握。

三、我国体育教学内容的分类

我国对于体育教学内容的分类，一直以来都是体育教学中的主要难题，分类的科学性与否直接关系到体育教学活动能否顺利开展，关系到体育教学质量的高低。因此，对体育教学内容的分类是体育教学研究中的重点工作。但是，我国体育教学内容的分类还缺乏对理论知识的理解，我国之前对体育教学内容的分类并没有具体指明所建立的层次。

（一）交叉综合分类法

1993年版的《体育教学大纲》说明，我国推行的体育教学内容的分类方法是"交叉综合分类法"，这种分类方法能够使教育工作者从多角度、全面地进行体育教学。根据《体育教学大纲》编写者的说明，所谓的"交叉综合分类法"实际上就是将体育教学内容所涉及的运动实践部分的内容按照运动项目和身体素质两个方面进行分类，将"发展身体素质练习"和"各项运动教学内容"放到一起进行教学。

但是，在交叉综合分类法中将发展身体素质练习和各项运动教学内容放在一起的教学，首先就是违反了"同一划分的根据必须统一"的原则，即在对体育教学内容进行同一划分时必须以统一的标准为依据，而且要保证在此分类基础上所进行的子项分类不是相互排斥，而是相互包容的，因此交叉综合分类法对于体育教学内容的划分是存在缺陷的。

（二）根据教学目的进行分类的方法

1993年版的《体育教学大纲》在分类上存在不足之处，主要是因为这种分类方法没有对教学内容层次进行分类，没有考虑到在以身体素质分类和以运动项目分类的上面还应有一个上位的分类方法。如果利用"根据教学目的进行分类"的方法，首先应该确定体育教学内容分类的上位——以"教学目的进行分类"的方法，在此基础上再将下位的分类内容稍微进行改动，就能实现对体育教学内容科学、正确的分类，这样不仅不会造成体育教学内容在分类上的混乱，而且能促进学生对体育运动技能方法的学习。

笔者通过对体育教学内容的掌握和研究，以及对学生特点、教学特点的研究，将体育教学内容分类的优点总结为以下四个方面。

1. 明确教学的方法和目的

以教学目的进行教学内容的分类的方法，结合学生特点和教学特点进行科学的规定，能够使教学的目的性和教学方法的应用更加明确，为体育教学的开展指明了科学的道路。

2. 保证竞技运动知识和技能的学习

受传统教学模式的影响，即使在对学生进行体育教学时，教师也难以避免地对学生进行"以体育技能竞赛为目的的教学内容的编排"，这样就难以发挥体育教学内容的全面性，难以保证体育教学目标的顺利实现。以教学目的进行分类的方法，能够按照大纲的要求进行体育教学内容的编排，打破"以竞赛为目的的教材编排体系"，从而使竞技运动知识和技能得到保障。

3. 能够避免内容上的重叠

体育教学内容繁多复杂，在对其进行分类时，若按照传统的分类方法进行分类，难以避免地会造成内容的重叠或遗漏。采用以教学目的进行教学内容分类的方式，对教学内容首先进行简单的层次分类，然后再根据每个层次内容属性的不同进行具体的分类，一方面便于内容的整理，另一方面也利于教学工作的进行。

4. 对体育教学的指导性增强

体育教学内容是进行教学实践的指导和基础。教学的指导性同时也是进行教学内容编写的要求。如何对体育教材进行分类并不是简单的教学问题，它是以科学的理论为依据，需要对教学过程提供指导的。因此，对教学内容的合理分类能使教学目标与内容之间形成良好的对接，从而增强体育教学的指导性。

四、体育教学内容分类的注意事项

对体育教学内容分类的目的就是对内容进行科学的整理，使内容与教学目标之间无缝对接，完成教学目标、方法等的相互贯通，向体育教师更清晰地传达体育教学课程和教学内容的目的，从而指导体育教学的进行。由此可见，体育教学内容的分类和整理在教学过程中占据着非常重要的作用。笔者根据多年来对教学内容分类的研究和总结,将进行体育教学内容划分的注意事项总结如下。

1. 教学内容的分类要服从教学目标

体育教学内容的分类并不是一成不变的,而是根据社会和国家的教育方针和教育目标的要求不断变化的,而教学目标是随着时代的变化和人们需求的不同逐渐变化的,所以固定的体育教学内容的分类也是不存在的。因此,体育教学内容的研究者和教材的编写者在对体育教学内容进行分类时,要不断地更新自己的观念,关注社会体育教学目标的变化,使教学内容的分类更好地服从教学目标。

2. 教学内容的分类要具有科学性

体育教学内容的分类是体育教学过程的指导依据,是实现体育教学目标的根本保障。因此在对体育教学内容进行分类时,要保证其符合教学大纲的根本要求和原则,同时要有科学的观念,这样才能保证体育教学内容的分类能够更好地指导体育教学过程顺利进行。

3. 教学内容的分类要具有阶段性

体育教学贯穿学校教育的始终,但是个体的成长具有阶段性,不同年龄段的学生对知识和技能的接受能力不同,加之体育教学大纲对各个年龄段学生的教学要求和目标是不同的,所以在对体育教学内容进行分类时,应当具有阶段性,结合学生身体发育的阶段进行教学内容的编排。

4. 教学内容的分类要为教学实践服务

体育教学对实践性要求较高,实践性是体育教学的一个显著特征。在进行体育教材分类时,首先应该对教材的内容按照其实践性的强弱进行适当的划分。对实践性要求较强的体育教学内容,多安排其实践环节;对实践性要求较弱的内容,根据其性质多安排其理论课程的讲授,这样才能全面掌握教学内容的重、难点。

5. 教学内容的分类要明确选编原则

随着社会对体育教学要求的不断提高,需要通过体育教学研究对体育教学内容进行调整和优化,而为了保证体育教学内容更有利于学生的成长和发展，首先应该保证体育教学内容的科学性。因此，体育教学研究者首先应该明确体育教学内容的选编原则，这也是进行体育教学研究的必备条件。

6. 教学内容的分类要掌握和了解体育校本教材

体育校本教材是体育教师在指导学生进行体育活动时的参考基础，也是教学内容的载体，无论是哪一个层次的体育教学研究，都是建立在对校本教材加以了解的基础上的，掌握当前情况下体育教学的基本内容及编写方案，可以为研究提供更多的理论基础和现实依据。

7. 教学内容的分类要研究和了解体育教案

体育教案是体育教师在进行体育教学时的方案和步骤，是体育教学能够顺利进行的前提条件。开展体育教学研究的最终目的就是提高体育教学的质量，其中包括教师的教学方法和策略。对体育教案的研究和了解，能够帮助体育教师认识到体育教学内容研究层次的划分方法和要求。

8. 教学内容的分类要了解和掌握体育教学条件

体育教学的实践性极强，为了保证体育教学的顺利完成，首先应该保证良好的物质条件和适宜的教学环境。良好的物质条件为体育教学提供了基础，如在开展体育教学时，学校需要提供诸如单杠、双杠、铅球、跳绳等一些能够保证体育运动项目顺利完成的物质条件。如果没有这些物质条件的依托，体育教学就会成为一纸空谈，无法落到实处，无法发挥其重要作用。适宜的教学环境同样也是体育教学的必备条件，学生只有在适合开展体育教学活动的环境中，才能真正融入体育教学活动，并且适宜的教学环境能够确保学生在体育教学活动之中的安全，避免不利于学生安全的事件发生，与此同时，适宜的教学环境能够促进师生之间的交流和互动，促进体育教学质量的提高。因此，在从事体育教学研究时，首先应该清楚地了解体育教学条件，只有清楚地掌握体育教学条件，才能在此基础上对所得的教学方案进行可行性研究和分析。

第四节　体育教材化

任何一个学科都有其教材化的划分，这是学校学科教学的根本特点之一，为了保证体育教学的正常开展，体育教学研究者应该重视对体育教材化的研究，为体育教学过程提供良好的教学素材，保证教学工作的正常进行。

一、体育教材化的概念

许多体育教学研究者虽然深知体育教材化的重要性，但是由于我国对体育教学过程研究的经验不足，相关的研究人才缺乏，我国在体育教材化的研究中仍然没有太大的进步。笔者通过多年来对体育教学的研究和各种参考资料的分析，将体育教材化的概念进行总结：体育教材化是依据体育教学的目的和学生发展的需要，针对体育教学的条件，将体育的素材加工成体育教学内容的过程。体育教材化的概念包括以下三层含义。

第一，体育教材化实际上就是将体育教学过程中的素材进行筛选、加工、编排，最终使其成为教学内容的过程，这是体育教材化最本质、最基础的含义。

第二，体育教材化侧重于对体育教学内容的加工和整理，体育教材也是加工的成果。

第三，体育教材化是依据学生的学习目标，结合学生身体发育的特点和认知规律，以为学生创造有利的教学条件为前提而加工完成的。

二、体育教材化的意义

纵观我国体育教学的现状及特点，其涉及的内容非常广泛，有的来自人们的日常生活，有的来自传统的习俗，有的来自军队，这些都是体育教学内容的良好素材。但是这种素材绝不能被简单地认为是体育教学内容。如果将体育教材等同于体育教学内容，那么就无法保证教学过程的目标一致性，因为体育教材只是体育教学内容的参考，在教学的过程中，教师还应该根据体育教学的目标及教学环境进行教学内容的筛选。

笔者结合自身对体育教学研究所获得的知识和经验，将体育教材化的意义总结为以下四点。

第一，体育教材化是选择体育教学内容的依据和前提条件。在教学内容的选择过程中，可以选择一些与教学目标和学生的发展需要联系较为密切的知识作为教学内容，这样就可以避免教学内容的繁杂，避免教学内容选择过程中目的性不强等问题。

第二，体育教材化是对较为宽泛的体育教学内容的加工，这样可以使体育教学内容的选择素材更趋近于教学目标和教学实际，消除体育教学素材与体育教学内容之间的差异，使体育教学内容的选择更具有目标针对性。

第三，体育教材化是对体育教学内容进行不断编排、整理、选择的过程，因此体育教材化对教学内容的加工，可以使所选择的体育教学内容具有整体性和系统性，体育教学研究者在教学过程中也能更好地发挥教学内容的教育作用。

第四，体育教材化通过将体育教学内容进行加工和整理，使原本抽象的教学内容具体化，更容易融入教学活动之中，更容易被学生接受，从而使体育教学内容成为教学活动的依据，保证教学能够有条不紊地进行。

三、体育教材化的层次

体育教材化有以下两个基本的层次。

第一，编写体育课程标准和教科书的工作，这是体育教材化的第一个基本层次。体育教科书是体育教学过程的参考依据，任何一门学科的教学都需要教科书的指导。这个层次的工作一般由国家和地方的教育行政部门完成，因为这是整个国家和地区的体育教学过程的参照。编写体育课程标准和教科书的工作，主要是根据教学目标和当今环境来进行教材的分类和加工，然后将所得的成果作为体育教学的教科书，供体育教学使用。

第二，依据课程标准和教学大纲及教学目标，将体育教材变成学生学习的内容，这个层次的工作一般由学校的体育教研小组担任。体育教材中的有些教学内容只要求学生了解，有些教学内容需要学生掌握。因此，学校的体育教研小组需要结合体育教学目标及不同年级学生的身心发展的规律和特点，把体育教学内容进行细分和细化，使其在体育教学目标的大前提下，更加符合某一个班级或某一层次学生的学习需求。

四、体育教材化的内容

笔者通过对体育教材化的研究和对体育教学工作的考察，得出体育教材化包括以下四项主要内容。

（一）体育教学内容的选择

在表述体育教材化的概念时，已经对体育教材化的含义做了简要的概述，即体育教材化实际上就是对体育教材的整理和加工。所谓的整理和加工就是从宽泛的体育教学素材中选择较符合教学目标、学生身心发展需要和学校基本条件的内容。体育教学内容涉及的范围非常广，因此在进行教学内容的选择时，应该遵守体育教学内容选择的原则和程序。

1. 体育教学内容选择的原则

要选择符合教学发展需要、目标针对性较强的体育教学内容，首先应该清楚选择体育教学内容的原则。笔者认为，选择体育教学内容的原则有以下五条。

（1）统一性原则。体育教学内容最终的服务对象是体育教学目标，因此教学内容与教学目标要统一，实际上就是指所选择的体育教学内容要有其相对应的体育教学目标。例如：在体育课上，要求学生进行一些诸如跑步、跳远等体育运动项目，实际上是为了增强学生的体能；要求学生练习单脚站立，实际上是为了提升学生的身体平衡能力；要求学生进行小组赛，实际上是为了培养学生的团队合作能力；等等。在选择体育教学内容时，坚持教学内容与教学目标统一性的原则，一方面能够保证所选择的教学内容的科学性、安全性，另一方面，对学生而言还具有很高的身体锻炼的价值。

（2）科学性原则。体育教学内容选择的科学性原则，实际上就是指所选择的体育教学内容要有利于学生的身体发展，能够促进学生身体素质和运动技能的提高，同时所安排的教学内容要在学生的身体承受范围之内。在进行体育锻炼的过程中，不能出现有损学生健康的行为，如不根据学生身体发展的特点而对其进行超负荷的教学任务，会导致学生身体的某项机能受到损害。所以，在对体育教学内容进行选择时，应坚持科学性的原则，这主要包括两个方面：第一，能够促进学生身心健康的发展，有助于增强学生的身体运动能力；第二，保证教学环境和教学实施条件的安全性。

（3）可行性原则。可行性原则是教学内容选择的基础，是教学过程的基本要求，如果选择的教学内容不具有可行性，那么教学内容的选择就失去了意义。例如，一个没有足球场地的学校提出，体育教学内容要加强对学生的足球运动技能的培养，这种教学内容是不具备可行性的，因为场地限制了这项教学内容的顺利开展。可以看出，可行性原则是指所选择的教学内容需要符合大部分学校的物质条件和教学能力，以及学生实际情况的需要。再完善的教学内容，如果没有教学场地和各种器材的支持，就不具备任何实用性的意义，都不应该被选中。

（4）趣味性原则。趣味性原则是指选择的教学内容要能激发学生的兴趣，能使更多的学生参与其中。例如，很多学生喜欢上篮球课，这是因为篮球运动是当下最为流行的运动之一，学生可以借助这项运动充分地展现自己的活力，并能在运动中感受到乐趣。从学生的角度而言，体育运动带来的乐趣是学生参加体育教学活动的动机和目的，只有保证教学内容的趣味性，才能提高学生的参与热情，使学生能够积极主动地参与到体育教学过程之中，进而提高体育教学的质量。

（5）特色性原则。现在很多的体育教学研究资料显示，将地域特色融入体育教学之中，不仅能够促进体育走进日常生活，而且还能不断地开发体育教学的特色，充分地发挥体育教学的创新性，提高人们对体育学习的热情。例如，因为舞龙文化而出名的地区在进行体育教学内容的选择时，就将舞龙作为教学内容之一，这大大地提升了体育教学的地域特色，以较为贴近学生生活的教学内容，提升了学生对体育教学的参与热情。换言之，学校开展体育教学的目的就是提升学生的体能，因此，在选择教学内容时，也要尽可能地与地域特色相结合，以增加体育教学的实效性。

2. 体育教学内容选择的程序

选择体育教学内容并不是盲目地进行，而是依据一定的程序，这样才能保证所选择的体育教学内容的清晰性。在选择体育教学内容时，需要一个可以操作的、优化的程序。

（1）确立教学目标：教学目标在教学内容的选择过程中占据着非常重要的地位。在选择体育教学内容时，应该坚持教学内容与教学目标相统一的原则，如果某些教学内容与教学目标不统一，那么就应该删除。如拳击，因为其会对学生造成一定的身体伤害，所以不应该置于教学内容之中。

（2）确保健身性和安全性：为了保证体育教学目标的顺利实现，根据教学的目标和需求选择了一些体育教学内容，但是有时这些体育教学内容并不能成为教学的最终内容，因为教学内容除了要符合目标性的原则，还要符合健身性和安全性的原则，这也是教学内容科学性的基本要求。如前空翻，虽然这一教学内容符合体育教学目标的要求，但是因为其在教学的过程中存在安全隐患，所以应该删除。

（3）判断教学实践的可行性：体育教学内容的选择在经过以上两个程序之后，接下来就应该判断这一教学内容是否具有实践的可行性。如果一种教学内容不具有可行性，那么即使它再好也没有任何的意义，如保龄球运动，虽然符合教学目标的健身性和安全性这两个要求，但是几乎所有的学校都不具备开设保龄球教学的条件，所以这一教学内容不具有可行性，不应该出现在课堂教学之中。因此，判断教学内容的可行性，是教学内容选择的第三个基本程序。

（4）判断教学内容的趣味性：通过前面关于体育教学原则的介绍，已经可以清楚地了解趣味性体育教学的重要作用。如果一项体育教学内容不具有趣味性，那么将很难被学生接受，即使其满足以上三个程序的要求，最终也不能保证教学能够顺利开展，以及教学目标的实现。如铅球运动，虽然这一教学内容满足以上每一个教学程序的要求，但是这一教学过程枯燥无比，无法提升学生的参与热情。

（5）符合终身体育教学观念：体育教学是终身体育教学和社会体育教学的基础，因此在体育教学的开展过程中，要重视体育教学内容与社会和地区运动文化之间的关系，尽可能地把体育教学内容与社会和地区体育教学文化相结合，这是体育教学内容选择的第五个程序。例如，在艳阳高照、气温居高不下的南方开展滑冰运动，一方面不利于教学的开展，另一方面也不利于教学的基本操作，不应该置于教学内容之中。

为了保证体育教学内容的科学性和可操作性，应该按照以上五个程序来进行教学内容的选择。

（二）体育教学内容的编辑

体育教学内容的编辑也是体育教学内容选择的环节之一，笔者通过对体育教材进行研究和分析，将体育教学内容编辑的相关内容整理如下。

1. 体育教学内容的分类

体育教学涉及的内容较为宽泛，为了保证教学过程的系统性和整体性，在对体育教学内容进行编辑时，首先应该按照其特点和性质，进行简单分类。本章第三节已有相关内容，不再赘述。

2. 体育教学内容的编辑原则

体育教学内容大多源于人们的日常生活，涉及的内容也较多，因此体育教学内容的编辑一直都是体育课程和教学理论与实践的难题。笔者通过对体育过程和教学内容的分析，认为体育教学内容的编辑一般应该遵循以下三种原则：一是以学科体系为依据，按照由易到难的层次进行编辑；二是以学生身心发展的规律为依据进行编辑；三是根据教学的目的进行编辑。

3. 体育教学内容的排列方法

体育教学内容的排列实际上就是按照其编辑的逻辑顺序进行的，因此在内容排列的过程中，所有的内容都应该遵循学科知识的特点和学生的学习逻辑，同时根据每个教学内容的特点合理安排课时，并按照内容之间的递进关系，安排每一节课的教学内容。

（三）体育教学内容的改造和加工

经过选择和编辑两个步骤后得到的与体育运动有关的知识和内容，都是体育教学的素材，但是要将这些素材直接运用到课堂之中还需要一个环节的支持，那就是对体育教学内容的加工和改造，这一过程也是体育教材化的过程，最终将体育教学素材转化为体育教材，融入体育课堂之中。

目前，从我国的体育教学现状来看，我国在体育教材化方面已经取得了初步成就。我国体育教材化的方法，主要有以下三种。

1. 动作教育的教材化方法

动作教育是欧美国家的一种体育教学思想和体育教材化的方法论，其特点就是将一些体育竞技类运动按照人体运动所应遵循的原理加以归类，提出针对少年儿童进行的教材设计，如体操、舞蹈等。这种教材的趣味性较大，操作较为简单，因此适用于低年级学生的学习。

2. 游戏化的教材化方法

游戏化的教材化方法主要用以提升学生的学习热情，其主要适用于一些比较枯燥和单一的运动，这种运动较难引起学生的学习兴趣。为了最大限度地激发学生的学习热情，将这些枯燥和单一的运动通过一些游戏情境串联成游戏，从而提升学生的兴趣。

3. 理性化的教材化方法

理性化的教材化方法主要是为了帮助学生理解一些运动的原理，是在教学过程中将懂与会进行结合的体育教材化方法。其主要特点就是挖掘体育运动背后的原理和方法，以探究式和启发式的教学为依据，引导学生进行教学知识的学习。

除了以上三种常用的教材化方法，我国还有文化化的教材化方法、生活化和实用化的教材化方法、简化的教材化方法和变形的教材化方法等。

（四）体育教学内容的媒介化

体育教学内容较注重实践性和科学性，因此体育教学内容的媒介化是体育教材化的最后一项工作。实际上，就是在对体育教学素材进行选择、编辑、加工之后，将其最终变成嵌入某种教学媒体之上的教学内容，在教师和学生之间建立一个知识传播的媒介。

体育教学内容媒介化的载体一般为教科书、多媒体音像教材、多媒体课件、挂图、黑板板书和学习卡片等，通过它们能够直观地将体育教学中相关的知识展现在学生的面前。

第三章　体育教学方法

第一节　体育教学方法概述

每一位体育教师在对学生开展体育教学之前，首先应当确定的内容就是体育教学方法，因为这是保证体育教学质量的关键因素。教师在制定体育教学方案时，必须对体育教学方法的相关知识有深入的了解，只有这样才能清楚选择体育教学方法时的注意事项，才能制定出科学的体育教学方案。

一、教学方法和体育教学方法的相关概念

总的来说，教学方法是教师和学生为了实现共同的教学目标，完成共同的教学任务，在教学过程中运用的方式与手段的总称。它包括教师的教法和学生的学法两大方面，是教授方法与学习方法的统一。因此，需要教师根据教学的内容、学生的特点、学生的接受能力和学习方法等进行教学方法的选择。不难看出，教学方法本身就是一个内容复杂的概念，有着不同的层次。

在体育教学方法的概念中也有很多类似的问题，就体育教师而言，如果对体育教学方法没有清晰的理解，往往会因为在其内涵和外延认识上的不同而在认识体育教学方法的过程中产生诸多的问题，影响教师在教学过程中对教学方法的选择和使用。

因为体育教学本身就是一种复杂的教学，对实践性的要求较高，因此教学方法的概念对于教学理论中的各个概念而言，也是一个相对复杂的概念。从事学科教学方法的研究者和专家在研究过程中给予体育教学方法不同的解释，但是每一种解释的主观性较强，所以虽然关于体育教学方法的概念较多，却没能给人较为清晰的概念。

从本质来看，体育教学方法反映的是体育教学现状，再加上体育这门课

程本身就有很多教学方法，如体育锻炼法和运动训练法，而且每一种方法中还包括很多不同的实施方法，因此体育教学方法的概念就变得更加复杂。

历年来，体育教学方法的研究者和专家对教学方法和体育教学方法的见解如下。

彭永渭认为："教学方法是教师和学生为完成教学任务、实现教学目的，采用的工作方式或手段。"

李秉德认为："教学方法是为了完成教学任务而采取的办法，它包括教师教的方法和学生学的方法，是教师引导学生掌握知识和技能、获得身心发展而共同活动的方法。"

樊临虎在《体育教学论》中指出："体育教学方法是指在体育教学过程中，由教师指导学生，为达到一定的教学目标而进行的一系列活动方式、途径和手段的总和。"

张学忠在《学校体育教学论》中指出："体育教学方法是指在体育教学过程中，在一定的教学原则下，师生相互作用，共同为实现体育教学目标，合理组合和运用体育场地、器材、手段的活动方式。它不但包括了师生在教学活动中内隐的思想、心理活动，还包括了器材的运用或演示和身体活动方式等。"

从上述各教学研究者和专家对教学方法和体育教学方法两种概念的解释中可以看出，关于两个概念的定义仍然相当模糊，体育教学方法不仅是一个复杂的概念，而且具有多层次性。研究者和专家对这两个概念的理解出现多样化的主要原因是每个人观察的角度不同，对教学方法的用途和在教学中发挥作用的认识也就不同。这不但给教学方法的研究带来了困难，同时也给教学方法的选择造成困难。

二、体育教学方法与教学行为之间的关系

教学行为是指教师在教学活动中的行动特征，教学方法是指教师在进行教学活动中运用的某种技术。例如，"体能训练"是一种体育教学行为，而"体能训练法"则是体育教学方法。

（一）教学方法和教学行为的区别和联系

为了帮助更多的体育教学研究者清楚地了解教学方法和教学行为的区别与联系，笔者通过总结多年的教学实践经验和分析相关资料，将两者之间的区别和联系介绍如下。

1. 合理性上的区别

教学方法是教师掌握的教学技能，一般来说，教学方法除了使用不当，都是合理的、科学的，能够为教学带来一定成效。而教学行为有的是合理的，有的是不合理的，甚至有很多教学行为还是错误的，是不利于学生身心发展的。

2. 本质上的区别

教学方法是体育教师群体通过自己多年的教学实践总结出来的一种有规律可循的教学技术；教学行为是教师个体在教学中的一种偶然行为，具有随意性。

3. 两者之间的联系

教学行为是教师在教学课堂上所有动作和手段的集合，如某一学科的教师在教学过程中采用多媒体进行教学，然后又通过课堂提问的方式让学生自由阐述自己对某一教学内容的看法。在这个教学过程中，教师选用的每一种教学方法、每一个动作都属于教学行为。由此可见，教学行为是教学方法的表现形式。

（二）体育教学方法与体育教学行为区分不清的原因

无论是体育教师还是体育研究者，仍存在对体育教学方法与体育教学行为两者之间的区别不是十分了解的情况，出现这种情况的主要原因有以下两点。

1. 体育教学活动的实践性较强

体育教学活动的实践性较强，因此"行为"和"技术"两者之间的区别并不像其他学科那么明显，模糊了体育教学活动与教学行为之间的界限。

2. 现实生活的干扰

随着我国经济水平的不断提高，人们对生活质量的要求也不断增加，体育锻炼成为人们日常生活中的一部分，再加上体育教学方法与人们日常生活中的一些行为较为接近，甚至没有十分明显的差别，干扰了人们对两者的区分。

三、体育教学方法的层次

当前，很多体育教学专家和教育工作者对体育教学方法的概念理解混乱的原因，就是对教学方法的空间界限定位不明，甚至不清楚体育教学方法具体包含哪些内容。其实，体育教学方法是有很多层次的，通过对体育教学的研究和分析可知，体育教学方法主要包括以下三个层次。

（一）"教学方略"上的层次

"教学方略"上的层次是体育教学方法中的"上位"层次，也可以说是体育教学方法的指导思想，是指体育教师对学科专业和教学技能的理性思考、行动研究和实践反思。教学方略主要体现在对单元课程的设计上。例如，在体育教学过程中采用的"发现式教学法"，实际上就是一种广义的体育教学方法的组合，是由提问法、组织讨论法、总结归纳法、实地测量法等多种教学手段组合而成的。

（二）"教学方法"上的层次

"教学方法"属于体育教学方法的"中位"层次，也称为教学技术，即狭义上的教学方法，指的是体育教师使用的一种主要的教学行为方式。该层次的教学方法主要体现在教学活动中的某一个教学步骤上或者某一种特定的教学活动中。例如，常提及的"单项训练法"就是为了实现某种教学目的而采用的一种具有针对性的教学方法。

（三）"教学手段"上的层次

"教学手段"是体育教师为了达到某种教学目的而采取的教学行为，也称为体育教学活动中的教学工具，属于传统定义上的教学方法的组成部分，是体育教师在确保教学行为的科学性和目的性的基础上所采用的一种较为有效的行为方式，主要是通过某种教学工具的使用保证教学方法的效果的实现。在教学活动中，这种教学手段主要体现在某一个具体的教学步骤或者教学环节上。例如，体育教师在进行教学时，采用理论联系实际的教学方法，亲身示范并让学生模仿和学习，"亲身示范"就是体育教学的手段。

四、体育教学方法的发展趋势和设计理念

我国体育教学起步较晚，对体育教学的方法缺乏专业的研究和科学的总结。直到近代体育教学出现以后，体育教学方法才引起教育者的重视，有关体育教学方法的设计理念和选用实施过程的研究才被提上教学研究的日程，并受到体育教学研究者的普遍关注。

（一）体育教学方法的发展现状

从体育教学的发展历程可以看出，体育教学方法是随着时代的发展而不断进步的。体育教学方法的主体是体育教学中涉及的一些技术层面和技巧方面的问题，随着科学技术的创新和教学观念的更新，体育教学方法也被逐步完善和优化。目前，体育教学方法的发展主要体现在以下四个方面。

1. 科学技术的不断进步促进了体育教学方法的发展

当前，随着计算机的应用和普及，一些体育动作的规范性不断加强，准确性也在不断提高，且进行体育技术指导更加不受时间和地点的限制，示范性动作播放的速度也可以任意地调整，因此体育教学的讲解、示范和展示都发生了质的变化，并促进了教学方法的发展，提高了教学方法的科学性。

2. 体育教学内容的不断优化促进了体育教学方法的改进

教学内容和教学方法是相辅相成的，教学方法的正确运用可以更好地实现教学内容的传递和接收，教学内容的优化使得教学方法能够得到进一步完善和改进。如今，随着人们生活水平的逐渐提高，体育教学也日益受到重视，

一些全新的体育教学内容被引入体育教学，因而相应的教学方法也得到了开发和应用。比如，野外生存训练课程的引进，使野外活动的组织和教学的方法得到开发。由此不难看出，体育教学内容的不断更新，促进了体育教学方法的日益完善。

3. 体育教学理论的不断充实促进了体育教学方法的完善

体育教学理论是在近代体育教学中逐渐确立起来的，是保证体育教学科学进行的基础，也是体育教学方法确立的依据。因此，体育教学理论的进展有利于促进体育教学方法的改善。过去的体育教学理论存在一定的缺陷，最为显著的问题就是缺乏针对性分析，在面对多个教学项目时，采取的是"以不变应万变"的措施。但是不同的体育运动项目有着不同的技术要领，随着人们对体育教学方法理论研究的不断深入，类似于"领会式教学"的方法就应运而生了。

4. 学生群体的不断变化促进了体育教学方法的改进

信息时代的到来，使学生群体的日常生活发生了显著的变化。例如：随着信息技术的发展，学生接受新知识和新事物的途径越来越广泛；随着电子产品的运用，学生的日常作息规律和生活习惯越来越不同；随着学生思维方式的成熟，他们认识事物和分析问题的程度越来越高。因此，信息化时代下，学生的个性化发展越来越明显，传统的、单一的体育教学方法已经不能满足学生的成长需求，需要推陈出新，不断完善和改进体育教学方法。

（二）体育教学方法的发展趋势

虽然较其他学科而言，体育教学起步较晚、发展较慢，但是随着人们认知水平的不断提高，对体育教学的重视程度日益深化，迄今为止体育已经发展成为一个较为成熟的学科，其教学方法也随着学科的发展而不断发展、完善，并逐渐呈现出了明显的发展趋势。具体来说，其发展趋势主要体现在以下三个方面。

1. 体育教学方法的现代化

随着科学技术的不断进步，体育教学方法也在不断完善和提高，其现代化也随着时代的发展表现得较为明显。体育教学方法的现代化主要体现在体育教学的设备上。为了更直观地向学生展示体育运动的魅力，体育教师会将录像带到体育课堂，借此拓宽学生的视野，增长学生的知识。随着计算机应用的普及，各种借助计算机完成的体育课件和体育活动，将学生对体育学习的感知度提升至新的境界。

2. 体育教学方法的心理学化

心理专家表示，任何一种形式的学习都伴随着心理变化的过程，而体育知识和技能的学习和获得更是一个复杂的心理变化过程。因此，在体育教学过程中，对体育教学方法影响较大的学科是学习心理学和体育心理学。为了更好地开展体育教学与体育活动，体育心理学家和运动心理学家运用心理学的研究方法，对学生在运动、学习过程中的心理变化情况进行了探讨，并希望能够将研究得出的结果应用到体育教学方法的改革中。

3. 体育教学方法的个性化

在教学过程中，重视个性化是体育教学方法发展的一大进步。任何一种教学方法的实施对象都是学生，而由于学生成长环境、自身条件的不同，其接受能力和学习情况具有较大差异，加之不同学校的教学条件和教学进度存在较大差距，因此体育教学有必要根据实际情况，针对学生的个性化和学校的差异性做出合理调整。现阶段，随着这一教学理念在体育教学中的不断扩散和应用，个性化、民主化的体育教学方法得到了进一步的发展。

（三）体育教学方法的设计理念

任何一种教学方法的设计都离不开特定的理论指导，做好体育教学方法的理念设计工作也是体育教学的目标之一。任何一种教学方法都有其使用的范围和环境，因此在设计好体育教学方法之后，还要确定其实施的范围和对象，如此才能保证体育教学方法的实用性和科学性，进而提高体育教学的质量。

1. 以语言传递信息为设计理念的体育教学方法

在任何一门学科的教学过程中都会使用到语言，以语言传递信息为设计理念的体育教学方法，实际上就是教师运用口头语言向学生传授有关体育知识和技能的一种教学方法。语言是传递信息、进行人际交流的主要工具和途径，因此语言是人们普遍使用的一种沟通方式，也是教师教授学生最重要的一种教学方法。

以语言传递信息为设计理念的体育教学方法主要分为讲解法、问答法和讨论法。

讲解法是指在体育教学过程中，教师运用一些简单、生动的口头语言向学生讲授体育运动相关知识的一种方法。有效运用讲解法，不仅能让学生在较短的时间内迅速掌握体育相关的知识和技能，还有助于对学生进行思想道德教育，建立学生自主参与体育运动的意识。

由于语言无处不在，且语言的魅力不可小觑，讲解法自然而然成为体育教学中普遍使用的一种教学方法。讲解法可以说是体育教学的基础，任何一种体育教学方法的实施都离不开讲解法的运用。同时，体育教学又是一个实践性较强的学科，在教学过程中不能盲目地使用该教学方法，而要学会结合体育运动项目及其技能的特点进行实际操作的讲解。因此，在体育教学过程中，教师应该做到"精讲"，并且将讲解带到实践中去，这样才能实现教学目标，达到较好的教学效果。

问答法历史悠久、行之有效，也是人们广泛推崇与应用的一种体育教学方法。问答法的优点是便于培养学生的发散思维，能够在问答的过程中培养学生思考问题的能力，提高学生的语言表达能力。在运用问答法进行体育教学时，应该注意以下三点：第一，尽量采用简短的语言进行问答；第二，在问答的过程中，不要给学生过长的时间进行思考或交流讨论；第三，将问答设定在技能教学的开始和结束，作用会更加明显。

除此之外，在使用问答法进行教学时，还应该注意提问的引导性。一般而言，提的第一个问题与体育教学知识和内容是没有太大关系的，其主要目的是引起学生的注意。紧接着第二个问题则旨在引导学生进行思考，例如："想一想你们的动作和老师的动作有什么不一样？"这种具有辨别性和归纳性的问题，能够引发学生对体育技能动作的思考。第三个问题通常属于价值判断和归纳性的问题，但是它比之前的问题更能引起学生深入性的思考。例如，"谁来回答一下，他的示范动作好吗？好在哪里？又有哪些不足？"这样逐层深入的提问，能够引导、帮助学生由浅入深、由表及里地思考问题。

相较讲解法和提问法，讨论法的自由度更大。讨论法主要是在体育教师的指导下，以班级或小组为单位，围绕教材的中心问题进行讨论，让学生自由讲述自己的观点和意见。由于在讨论的过程中学生能够自由发挥自身才能，因此讨论法比其他方法更能促进学生积极、主动地参加体育锻炼与学习活动，更有利于增强学生的团队合作精神和集体主义精神。值得注意的是，讨论法虽然能够调节课堂的气氛，调动学生的学习热情，但是如果讨论的自由度过大，教师就很难掌控局面，从而难以保证教学效果与教学质量。因此，在讨论的过程中，体育教师应该适时参与其中，并对学生的讨论内容与讨论方向加以引导，以确保充分发挥讨论法的积极作用，及时消除讨论法的消极影响。

2. 以直接感知为设计理念的体育教学方法

以直接感知为设计理念的体育教学方法是体育教学中普遍使用的教学方法，通过教师对某种体育技能的演示和直观表达，学生可以借助身体的感观获得体育教学相关的知识和技术。这种教学方法因为具有直观性，而且便于学生接受和掌握，所以在体育教学中颇受欢迎。

根据对体育教学方法的研究，可将以直接感知为设计理念的体育教学方法分为动作示范法、演示法、纠正错误动作与帮助法等。

动作示范法是教师在对学生教授某种技术时，为了能让学生清楚地了解技术的要领，以自身完成的动作为示范，给学生提供参考的方法。动作示范法较为直观地向学生展示了体育动作的特点、动作特征和技术要领等，具有非常独特的作用，而且教师优美的动作能激发学生的学习兴趣。

教师使用动作示范法进行教学时，要注意以下两点：第一，任何一种动作示范都要具有明确的目的性，应当根据体育教学的实际需要进行动作示范。第二，应做到正确、美观。正确是指教师在进行动作示范时，要严格按照教学的技术规范和要求完成，以保证学生正确地认识动作特征；美观是指动作要能引起学生的兴趣，从而激发学生的主观能动性。

65

演示法是近几年来体育教学中普遍使用的一种教学方法，是教师在体育教学过程中通过各种教具的直观展示，让学生获得对技术和知识的感性认识的一种方法。这种教学方法主要用于教授某些通过示范无法达到预期效果的知识和技术，以使教学取得预期的效果。演示法能够让教学与生活中的实际相联系，增加学习某种技术和知识的直观性，便于学生接受和学习，而且能激发学生的学习兴趣，便于学生了解和掌握所学知识。因此，对体育教学而言，演示法是一种十分重要的教学方法。

教师在使用演示法进行教学时应该做到两点：第一，要注意所演示动作的实际性。演示法教学最终的目的是让学生更详细地掌握教师所教授的知识和技术，因此要结合体育教学实际进行。第二，要结合各种先进教具进行演示。计算机的普及和使用为体育教学提供了便利，同时也为演示法的实现提供了更多载体，这样既能激发学生的兴趣，又能保证演示的效果。

纠正错误动作与帮助法是体育教学过程中体育教师为了纠正学生的一些错误动作而采用的教学方法。众所周知，体育教学具有很强的实践性，在教学过程中，由于体育活动和项目的动作较为复杂，再加上学生缺乏经验，难免会有一些错误动作出现。这个时候就需要教师对学生的动作进行及时的纠正，加深学生的印象，从而提高教学的质量。

在使用此方法时应注意的事项：第一，切勿挖苦学生。在指出学生错误之时，首先应该肯定学生的进步，然后用较为委婉的语气对学生进行错误动作的指导和纠正。这种纠正错误的教学方法更有利于学生接受，同时还能够鼓励学生不断提升自己的专业知识和技能，同时也不会打击学生的信心。第二，把纠正的重点放在主要错误动作上。其实有很多错误都是由主要的错误动作引起的，纠正主要的错误动作，能够带动整体动作的规范。第三，要有针对性地进行纠错。每一个错误动作的产生，都是由一个特定的原因导致的，只有根据这一特定的原因进行正确的引导，才能杜绝错误动作的出现。

3. 以身体练习为主要设计理念的体育教学方法

以身体练习为主要设计理念的体育教学方法，是指让学生通过身体锻炼、练习及技能的学习，掌握并巩固某种运动技能的方法。因为体育教学的本质就是以学生的实践活动为主要特征的教学，所以以身体练习为主的教学是开展体育教学的主要方法和形式，也是教师进行知识和技能传递的主要手段。在体育教学实践中，以身体练习为主要设计理念的体育教学方法有分解练习法、完整练习法和领会练习法等。

分解练习法是将原本复杂的动作分解成几个部分，然后针对每一个部分进行针对性体育练习的方法。这种教学方法将技术的难度适度降低，便于学生掌握和学习，同时也提高了学生在学习中的自信。在使用这种方法进行教学时，首先应该保证分解步骤的合理性和科学性，使分解步骤能够连贯成整体动作，其次还要保证分解动作的连续性，有利于学生掌握整体动作。例如，在进行篮球教学时，教师会教授学生传球、投篮、运球等动作，这样能够将复杂的活动具体化、简单化。

完整练习法是指在整个运动项目传授的过程中，直接对整套动作进行完整的练习。完整练习法能够保证体育动作的完整性和连续性，易于学生在脑海中形成完整的动作概念，适用于较为简单的运动项目，如仰卧起坐、跑步、扎马步等运动。

教师在使用此方法进行体育教学时，应该考虑学生的接受能力。在教学之前，体育教师要进行实验和示范，并加以必要的语言描述，对重点内容进行讲解。同时，注意开发各种辅助性的练习，这样能不断完善教学效果，提高教学质量。

领会练习法是通过简单明了的语言、文字、图片或者视频，让学生对某一项运动有一个概括性的认识。这种教学方法可以使学生从体育教学的一开始就对教学动作有了一定的认识，有利于培养学生在运动方面的知识和技能，提高学习兴趣，激发学生的主观能动性。

教师在选用这种教学方法时，应该从项目的整体特征入手，然后引导学生对此项目进行具体的练习，最后回到整体的认识和训练中去。同时，教师应该注意培养学生的战术意识，使战术意识贯穿于整个教学始末。例如，在对学生进行排球比赛相关规则的讲解和技术的讲授时，首先让学生观看某场伴有现场解说的排球比赛，视频和文字介绍能让学生领会到比赛的规则，通过观看现场比赛，可以让学生领会排球比赛战术和某一技能的重点。

第二节　体育教学方法的主要影响因素

正确的体育教学方法不仅是确保体育教学有序开展的基础因素，还是提高体育教学效率和质量的关键因素，在整个教学过程中有着不可替代的重要作用。因此，教师需要做到精心设计、合理选用和科学实施体育教学方法。同时，体育教学方法并不是一成不变的，而是有很多的影响因素，研究体育教学方法的影响因素，能够为体育教学方法的设计、选用和实施提供更多的参考依据。

由于各个影响因素对体育教学方法的选择和实施都产生了一定的影响，从某种程度上而言，它们决定了体育教学方法的发展。笔者根据多年来对体育教学方法的研究，将体育教学方法的影响因素总结为以下七点。

一、教学目标与教学任务

教学目标是体育教学的起点和重点，教学任务是实现教学目标的基础和保障，教学方法是完成教学任务的条件和媒介。因此，无论是体育教学方法的设计还是选择，都离不开教学目标和教学任务的指导，再加上不同的教学目标和任务对学生的要求不同，教学工作者应当根据这种要求设计具有针对性的教学方法。一般来说，体育教学目标可分为认知、情感和技术动作这三个方面，每个方面的教学又可以根据对知识和技能要求的不同分为若干个层次，不同的层次需要学生掌握的内容和对学生的要求不尽相同，因此所需要的教学方法也就有所不同。例如：如果某一教学目标强调的是"培养学生对某种运动的理论了解"，那么体育教师就可以选用讲解法进行教学；如果某一教学目标强调的是"提高学生某种运动的技能"，那么就应该选择一些以实际操作为主的教学方法。因此，教学目标也是影响教学方法的因素之一。

总的来说，体育教师要对教学内容进行深入的研究和分析，掌握每一种教学方法所对应的知识和技能，同时还要能够将教学中抽象、宏观的教学目标转变成实际可操作的具体的教学目标，并清楚地知道何时选择何种教学方法最有效。

以篮球教学为例，如果教师将某一课时的教学目标定为"培养学生的运球能力"，那么在本节课的教学过程中，教师就会根据篮球运球的特点、要求来设计教学方法。因为篮球运球技术的培养和获得并没有任何的捷径，所以教师应首先对运球的动作要领和要求进行讲解，然后通过几次示范，让学生能够简单地了解运球的技巧和要领，并通过反复练习和教师的不断纠正，提高学生篮球运球的能力，从而促进教学目标的达成。

二、教学内容的特点

教学内容是体育教学的重要参考，也是体育教学方法服务的对象之一。不同课程及科目的教学内容不同，其教学任务也就存在明显的差异，所需要的教学方法也会有所不同。由此可见，教学内容的特点是教学方法选择和实施的参考依据。例如，某一体育教师在进行体操课程的教学时，就需要根据体操对学生身体特点的要求和体操运动所需要的场地、器材、目标来选择适当的教学方法。

每一种教学内容都有与其相适宜的教学方法，如果需要学生掌握的教学内容是一些纯理论性的知识，如体育教学的发展历史、体育教学的起源等，就可以选择讲解法进行教学，或者借助多媒体教具，通过图片或者动画的形式向学生展示体育相关的理论知识。如果所教学的内容是一些技术性较强的知识，那么就需要运用分解练习法进行教学，如篮球、足球、乒乓球等，而且由于此类运动具有群体性，应该采取小组教学的方式进行。

综上所述，教师要认真研究教学内容，把握各个教学方法的适用范围和效果，然后结合具体教学内容的特点选择合适的教学方法。

三、学生的身心发展状况

体育教学贯穿学生的整个学习过程，具有持久性，而且学生的成长和身心发展状况主要包括学生现有的知识水平、智力发展水平、学习动机状态、心理发展的年龄阶段及特征、认知方式与学习习惯等因素，因此学生的身心发展状况对体育教学会产生一定的影响。心理学研究和教学实践都表明，学生的身心发展状况与教学之间存在相互作用。所以，教学过程中教学方法的选择受到学生的个性心理特征和他们所具有的基础知识水平的限制。不同年龄阶段的不同年级的学生，或者同一年级的不同学生，对某种教学方法的适应性可能会有明显的差异。这要求教师能够科学而准确地分析学生的上述特点，有针对性地选择和运用相应的教学方法，使学生在学习知识、掌握技能的同时，身心得到健康发展。

教师在对学生进行增强体质训练时，面对的是全体学生，任何个体的成长发育都具有阶段性，如果在进行训练时对各个阶段的学生所采用的均是同一种训练方法，那么就有可能导致有些阶段的学生无法完成。例如：抛铅球练习中，高年级的学生能够轻而易举地将铅球举起，而低年级的学生则有些困难；丢手绢、捉迷藏等一些简单的体育游戏，适宜在低年级学生中进行，身心发展相对成熟的高年级学生就不适宜参与。

四、教师自身的素养

教师是体育教学中的主导者，承担着帮助学生培养身体素质和综合素质的使命，并有指导学生科学地学习体育教学中相关知识的责任。因此，教师自身素养直接影响着教学方法的选用和实施，从而影响体育教学的质量。通过对教学方法的研究及教学经验的积累分析，笔者认为教师的素养主要包括学科知识、组织能力、思维品质和教学能力。教师在教学过程中，除了要关注学生的实际情况，还要不断地提高自身的素养和专业水平，这样才能根据自己的优势，选择适合自己的教学方法，并不断创新教学方法，逐步提升自己的教学水平，这也是提高教学质量的关键。若某一教师缺乏实践教学的经验，并且在教学的组织上存在严重的缺陷，则无法保证课堂教学的效果，也无法正确地引导学生进行相关知识的学习，无法保证教学方法的实施。

如果让一位从没有接触过篮球运动的教师，向学生传授一些篮球运动的相关知识和技能，那么无论是在教学方法的选择还是实施的过程中，该教师都会产生一种无从下手的感觉，甚至不能正确地选择体育教学方法，即使能够选择出适用于该运动的教学方法，也会因为自身经验的欠缺，导致教学的过程无法按照预期进行。再如，在进行游泳运动教学时，教师首先要对学生进行游泳要领的讲解，然后进行示范性教学，但是如果这位教师不会游泳，就无法保证这种教学方法的教学效果和质量。

五、教学方法本身的特性

教学方法虽然是保证教学质量的关键，但是没有一种教学方法是万能的。每一种教学方法都有与其相适应的人群和所适用的环境和条件，离开这种环境和条件，这种教学方法将无法充分发挥其作用。简单来说，教学方法只在特定的环境和特定的内容中才表现出亲和性和功能性，而且不同的教学方法对教学设备、教学对象和学生的身心发展特点等方面均有影响。教学方法本身就是一种多因素的有机组合，既存在促进的关系也存在矛盾的关系，这些多因素同时也决定了每一种教学方法都有其相适应的范围和条件。

通过上面的文字叙述，能清楚地了解到教学方法本身具有的特性，也是影响教学方法的因素之一。例如，在进行教学的过程中，采用因材施教的教学法进行教学，首先应该清楚学生的特点、教学内容的特点，这是此教学法的主要要求。由于这种教学方法较为耗费人力、物力，如果教学对象群体较为庞大，此种教学方法就不适用。

六、教学环境的要求

教学环境是教学实施的基本条件，也是保证教学正常进行的前提。任何一种教学方法都是在教学环境下产生和实施的，因此教学环境是教学方法产生的土壤，也是教学方法赖以生存的养料。教学环境包括教学硬件设备设施（教学器材和一些辅助仪器、教学所需的资料和书籍）、教学空间条件（包括教学场地、实践场地）和教学所需的时间。有利的教学环境会对教学起到一定的促进作用，反之则会起到阻碍作用。因此，在进行教学时，要进一步开拓教学方法的适用范围，提升预期效果。只有这样，教师在选用教学方法时，才能最大限度地利用教学环境，不断提升教学质量。

通过上面的文字介绍可知，教学环境也是影响教学方法的因素之一，比如对一个相对落后且没有足够教学场地的学校而言，在进行篮球、足球和乒乓球教学时，由于缺乏相关设备，就无法采取示范法进行教学。

七、体育教学的指导思想

体育教学方法的核心在于体育教学的指导思想，有什么样的指导思想就会产生什么样的教学方法。体育教学方法的选择不仅取决于对教学理论的了解程度，而且取决于已经形成的教学指导思想的时代性和科学性。

教学方法的选择并不是一个简单的过程，它涉及很多因素。虽然教学方法是以教学活动中的很多因素为基本准则确定的，但它并不是死板的、教条的，也不是一成不变的。在对学校教育和教学的研究中可以看到，使用教学方法目的就是借助这些方法实现教学目的。例如，某一个经济条件特别落后的学校，没有专业的教学设备和设施，也没有足够宽敞的室外场地，那么该学校就无法开展诸如足球、篮球等对教学场地和教学设备设施要求较为严格的体育运动。由此可见，体育教学是一种对实践性要求极为严格的教学，也是一种相对复杂的学科，因此，在选用教学方法时，要根据教学中所涉及的各种因素，选择合理的教学方法。

第三节　体育教学方法的选用依据与原则

体育教学方法的正确选用是体育教师提高教学质量的关键因素。因此，体育教学方法的选择和运用备受关注，成为每一位体育教学研究者不可回避的问题。

一、合理选用体育教学方法的意义

目前，就体育教学而言，体育教学方法是十分丰富的，再加上体育教学改革的不断深入，很多新的体育教学方法被不断开发出来。因此，在实际的体育教学中，体育教师能否正确地、有针对性地选择合适的体育教学方法，是衡量教学质量好坏的重要因素，同时，选择合适的体育教学方法也是提高体育教学质量的基础。

为了保证教学质量，身处教学一线的体育教师要根据体育教学的目标和各种教学因素，选择合理的体育教学方法，并在对教学过程中所涉及的各种因素进行认真研究的基础上，对所选择的教学方法进行合理的组合，这样才能不断提高体育教学的质量。

教学方法是教师在进行体育教学时的手段，从这种观点上看，体育教学方法是教师行使教育权利和履行教育义务的工具。"磨刀不误砍柴工"，工具的选择决定了教学的质量。所以，每位体育教师不仅要学会各种体育教学方法，还要具备在工作实践中科学、正确地选择和应用教学方法的能力，这样才能够真正提高体育教学质量，更出色地完成体育教学任务。

二、合理选用体育教学方法的依据

体育教学方法的选择一直都是体育教学中的难点，因此每一位体育教师都应该具备选择合理的体育教学方法的能力。再加上每一种教学内容都有与其相对应的教学方法，每一种教学方法对其教学环境和主体都有着不同的要求，因此要结合各方面的因素对教学方法进行合理的选择和应用。笔者结合自己多年的教学经验，认为体育教学方法的选择有以下六种依据。

（一）根据体育课程的目的和任务选择教学方法

不同的体育课程，其各自的教学目的和教学任务要求采用不同的体育教学方法，因此体育课程的目的和任务是选择体育教学方法的依据之一。如果向学生介绍一些体育运动项目的知识和要求，就可以选择一般教学所用到的"讲解法";如果教授学生一些运动的技巧和方法,就需要用到"动作示范法"和"演示法";如果需要学生进行锻炼或练习的课程,就可以使用"练习法";如果为了提高学生的交际能力,就可以使用"讨论法";如果想提高学生的竞争意识,就需要多使用比赛的方法。由此可见,在进行教学方法的选择时,应该将体育课程的教学目的和教学任务作为体育教学方法的选择依据。

(二)根据体育教学内容的特点选择教学方法

在数学教学过程中,不同类型的题目需要采取不同的解题方法。体育教学也是一样,不同类型的体育教学内容也需要采取不同的体育教学方法。在进行器械的基本操作的教学时,应该使用分解教学法;在进行类似于游泳、滑冰等技术和技能动作的讲授时,所采用的也是分解教学法;进行诸如跑步、投掷、跳跃等连贯性要求较强且动作发生较为短暂的运动项目的教学时,需要采用完整教学法;在进行一些对技术要求较为严格的球类运动项目的教学时,则需要使用领会教学法;对于锻炼性较强的体育项目则需要使用循环教学法。因此,体育教师要在仔细分析教材的基础上,根据体育教学的性质和相关的教学特点创造性地选择体育教学方法。

(三)根据学生的实际情况选择教学方法

选择和使用体育教学方法的根本目的就是帮助学生更好地学习,促进体育教学目标的顺利完成,它不仅仅是体育教师在教学过程中的"展示"。因此,体育教学方法侧重的不是教师,而是学生学习的效果和对知识的掌握情况。在选择教学方法时,要看教学方法是否符合学生的发展特点、是否有利于学生的理解和接受,具体是考虑学生的年龄、身体状况、智力和学习能力等,从学生发展的实际和学生的身体状况出发,选择最符合学生实际情况、最能促进学生对教学技能掌握的教学方法。

(四)根据教师自身的情况选择教学方法

教师是教学方法的实施者,任何一种教学方法只有在与教师的自身特点紧密结合时，才能取得理想的效果。有的教学方法虽然能够达到很好的教学效果，但是如果教师的自身素质较低，无法很好地驾驭，就不能有效提高体育教学质量。因此，教师的自身素养对体育教学方法也有较大影响。比如有的教师的思维能力和语言表达能力较强，就应该多使用生动的语言描述体育教学的现状和问题。运动技能较强的体育教师，就可以多采用一些演示和示范性的教学方法，在传授教学内容的同时，提高学生的学习兴趣，从而让学生更好地理解体育知识和技能。

（五）根据教学方法的适用范围选择教学方法

体育教学方法十分丰富，每一种体育教学方法都有其自身的特点，有其所适用的范围和条件。在教学过程中，教师对每一种教学方法的功能和适用范围是否具有深刻的了解、教学方法所需的条件是否具备等都会影响教学效果。例如，领会教学法适用于对高年级的学生进行教学，而不适用于对低年级的学生进行教学，因为高年级学生的认知能力已经趋于成熟的水平，而低年级学生的认知能力和思维能力都尚未充分发展。由此可见，在教学过程中，应该根据教学方法的适用范围选择合理的教学方法。

（六）根据教学时间和效率选择教学方法

每一种教学任务的教学时间和效率是不同的，例如：实践法比讲解法花费时间；分解教学法比完整教学法更花费时间；在针对一些技能和技术问题时，实践法比讲解法的效率更高。所以，在选择教学方法时，也要相应地考虑每一种教学方法的教学时间的长短和效率的高低。一种合适的教学方法应该保证时间和效率上的完美结合，能保证在规定的时间内，完成指定的教学任务，并取得理想的教学效果。这就要求体育教师要对体育教学的方法有着全面的掌握和了解，从而选择一些既省时又有效的教学方法，以达到教学效果的最优化。

三、体育教学方法选择和应用的原则

体育教学方法作为体育教师在教学过程中的工具，发挥着非常重要的作用。再加上新课标对体育教学的要求，体育教学方法受到越来越多的体育教学研究者的重视。但是体育教学方法的选择并不是盲目的，笔者通过对体育教学的研究得出，体育教学方法的选择和应用应该严格遵守以下四项基本原则。

（一）目标性

教学方法是为实现教学目标而服务的，教学目标为教学方法的选择提供参考依据，教学方法又促进了教学目标的实现。因此，在进行教学方法的选择和运用时，一定要保证教学方法的目标性，首先应该清楚其教学目标是什么，其次再去思考如何才能应用这种教学方法完成教学目标。只有保证教学方法具有目标性，才能保证教学的质量，才能顺利完成教学任务。

（二）有效性

在选择教学方法时，还要考虑其完成教学目标的有效性，实际上就是指利用这种教学方法提高教学质量，顺利完成教学目标的可能性。有些教学方法由于其步骤较为复杂，所花费的时间过长，就会对其他的教学内容造成干扰，降低教学的效率，那么这种教学方法就失去了在教学中的有效性，不利于教学活动的顺利进行。例如，教师在指导学生进行跑步训练时，采用的是多媒体教学和实践训练相结合的教学方法，但是由于跑步是一项较为简单的运动，仅仅需要理论结合实践的教学方法就能完成，不需要采用多媒体教学。因此，采用多媒体教学和实践训练相结合的教学方法，就会降低教学的有效性。

（三）适宜性

每一种体育教学方法都有与其相适应的教学环境和对象群体。所谓的适宜性可以分为两个方面进行论述：一是指教学方法与学生之间的适宜性，主

要指教学方法是否符合学生的身心发展的特点；二是指教学方法与教师之间的适应性，每一种教学方法对教师的自身素质都有要求，只有两者相适应，才能最大限度地发挥教学的优势。例如，在对低年级的学生进行教学时，就应该选择一些与该学段学生的认知能力和身体发展状况贴合较为紧密的教学方法，如讲解法、动作示范法等。

（四）多样化

体育是一门较为复杂的学科，体育教学方法也十分丰富，每一种教学方法都有其相对应的功能和作用，只有多种方法相互结合才能发挥体育教学的优势。多样化的教学方法不仅可以让体育课堂更加生动和丰满，还能调节课堂的气氛，激发学生的学习热情和主观能动性，使学生集中注意力，实现教学效果，提高教学质量。

以上四种体育教学方法选择的基本原则，是笔者根据体育教学的特点和对体育教学的多年研究总结的，是选择体育教学方法、提高体育教学质量的基础。

第四章　体育教学原则

第一节　体育教学原则概述

体育教学原则是每一位体育教学研究者都应该坚持和了解的基本内容，也是体育教学中的重要组成部分，在教师的教学工作之中发挥着异常重要的作用。研究体育教学原则可以为体育教学提供更好的服务。

一、体育教学原则的概念和含义

任何一门学科都拥有教学原则，这是保证教学过程规范化和教学方向科学化的基础，体育教学原则在教学过程中发挥着关键作用。

（一）体育教学原则的概念

体育教学原则是实施体育教学最基本的要求，是保证体育教学过程不脱离体育教学目标的最基本因素。在进行教学内容和教学方法的选择时，体育教学方法也受到体育教学原则的约束，因此，它也是保证体育教学方法和教学内容科学性和实用性的基础。

（二）体育教学原则的含义

体育教学原则是根据体育教学的特点及体育教学大纲的目标要求而编写的。体育教学原则有以下三个方面的含义。

1. 体育教学原则是体育教学的规范

体育教学原则是体育教学的规范，是体育教学过程中各种教学行为改变的"底线"，体育教学的相关方法和目标都是在体育教学原则的基础上不断优化和加强的。因此，体育教学原则是体育教学所有要求中最基本的内容。

2. 体育教学原则保证体育教学的科学性

体育教学原则是根据体育教学的特点和体育教学中的相关要求制定的，来源于体育教学，又对体育教学起到约束作用。因此，体育教学原则中的要求能够保证体育教学过程不脱离教学实际，有利于教学目标的实现。

3. 体育教学原则保证体育教学内容的合理性

体育教学原则是保证体育教学内容合理性的基础，因为在进行教学内容的选择时，对所选择的内容应该按照体育教学原则的要求进行筛选和检查，如果不符合体育教学原则的要求，那么就应该予以删除，如拳击这类运动就违反了安全性的教学原则，因此不能作为教学内容。

（三）体育教学原则的形成

通过前面的关于体育教学原则概念及含义的了解，可以清楚体育教学原则在体育教学中的重要作用，探究体育教学原则的形成过程，更有利于体育教学的规范。

1. 体育教学原则是体育教学实践经验的概括和总结

自从体育教学成为学校教育的组成部分之后，体育教学研究者一直致力于探索"如何更好地完成体育教学的目标"和"如何提高体育教学的质量"。为了保证体育教学的规范性，体育教学研究者在长期的体育教学实践中，对前人的体育教学经验和教学成就进行了总结和分析，探究出体育教学的规律要求。在长期的积累和不断的修订中，最终形成了体育教学的原则。

2. 体育教学原则是体育客观规律的反映

体育教学原则是体育教学研究者根据多年的教学经验和对体育教学历程的研究而制定的，所以体育教学原则是体育教学过程的客观反映。体育教学有着一些共同的规律，这些规律是客观存在的，不受任何环境和情况的干扰。在所有的体育教学中，人们也都是依据这些客观规律进行体育教学实践的。

3. 体育教学原则在不断发展和完善

由于体育教学原则是根据人们对体育教学规律的认知和教学特点制定

的，所以说体育教学原则与人们的认知水平有本质联系，是受人们的认知水平制约的。随着人们对体育教学认知和实践的不断深入，以及社会的不断发展和进步，体育教学原则将会随着人们认知的提高不断发展和完善。因此，要跟随时代的脚步，与时俱进地对体育教学原则进行研究。

二、体育教学特点与体育教学原则的关系

通过前面的文字叙述可以了解到，体育教学原则是根据体育教学特点制定的，因此体育教学原则与体育教学特点必然存在非常密切的联系，研究它们之间的关系，有助于人们对体育教学认知的不断深入。

（一）一般教学原则与体育教学原则

每一个学科都有其对应的特有教学原则，这是毋庸置疑的。每个学科都有一般教学原则和属于该学科的特有教学原则。所谓一般教学原则，是指在一般的教学条件下的各门学科都应该遵守的基本教学原则，是各科教学原则的指导。对体育教学而言，体育教学原则是在一般教学原则的基础上制定的，但是由于体育教学与其他学科的教学存在明显的差异，如实践性、开放性、互动性等，一般教学原则不能代替体育教学原则，体育教学原则是在一般教学原则的基础上根据体育教学的特点增加的，因此，体育教学原则包含一般教学原则。

目前，世界上关于体育教学的一般教学原则的研究和结论各不相同，但是从关于一般教学原则的论述中可以看出，一般教学原则无外乎以下六点。

（1）教学的整体性和系统性原则：这是对教学过程的连贯性的要求，也是教学的基础。

（2）理论联系实际原则：任何一门学科的教学都是为了社会的发展而存在的。

（3）促进师生共同发展原则：在教学这一大环境中，师生是教学的主体，也是教学的重要组成部分。

（4）因材施教原则：学生的发展具有个性化的特点，因此在进行教学

时要考虑不同学生的特点。

（5）反馈调节原则：反馈是教学中的重要环节，只有不断反馈和调节才能保证教学过程的不断优化。

（6）不断优化原则：教学的最终目的就是不断提高教学的质量。

（二）体育教学特点

任何一种形式的教学，都离不开"教"和"学"两个方面的概念，都是在教师的指导下进行的一种有计划、有目的、有组织的教学活动。但是每种教学面对的内容和要求有所不同，所以每一种教学活动都有其自身的特点。与其他学科的教学活动相比较而言，体育教学活动主要有以下的教学特点。

1. 教学活动主要是靠身体的运动进行

体育教学活动的根本目的就是让学生掌握一些体育知识和技能，体育教学强调的是教学活动的实践性，因此体育教学中的技能主要是通过大量身体活动实现的。可见，注重身体的运动是体育教学活动的主要特点。

2. 体育教学具有锻炼学生身体的目的性

体育教学的目的就是提高学生的身体素质，这是与其他学科教学目的最明显的区别，也是体育教学的功能之一，能够通过一些有规律的活动和体育锻炼来提升学生的身体素质。

3. 教学经常在相对自由的集体活动中展开

体育教学是围绕运动技能的传授展开的，而运动技能又是在相对开阔的空间和专用的体育环境中展开的。有的运动项目和活动还是以小组的形式进行，这就增加了体育活动的自由性。这种自由性不仅表现为小组之间的组合相对较为自由，还表现为学生在活动中的行动也比较自由。

4. 教学组织更加复杂

体育教学同其他学科教学最大的区别就是，体育教学注重学生的实践性，而且教学场地一般脱离教室，在体育场馆或其他室外条件下进行，教学环境较为开放，并且对教学场地的要求较高，有很多因素难以控制，使教学的组织更加复杂。

对于体育教学研究者而言，他们只有对体育教学的特点具有很深的认识，才能制定出合理的体育教学原则。笔者认为，体育教学研究者要能够准确地把握体育教学的规律，联系教学实际，制定出科学的、符合教学实际的体育教学原则。

三、体育教学原则的作用

通过前面的介绍，可以知道体育教学原则在体育教学中具有非常重要的地位，除此之外，体育教学研究者还应该清楚体育教学原则是如何在体育教学中发挥作用的，以及发挥怎样的作用。笔者通过自身的教学经验和分析研究，将体育教学原则的作用总结如下。

（一）使体育教学要求更加明确

体育教学原则是体育教学工作的基本要求和教学规律的具体体现。体育教学原则制定的教学要求更加具有科学性、准确性和生动性，而且利于学生接受，因此体育教学原则更加明确了体育教学的要求。在体育教学开展的过程中，相关教育单位或者体育教学小组可以针对体育教学原则的内容对体育教师提出具体的要求。从某种程度上说，体育教学原则是对体育教师提出的最基本的要求，是教学过程中必须遵守的。

（二）梳理教师进行教学的思路

体育教学是一个复杂的教学过程，涉及的内容有很多，如根据教学目标进行对教学内容的选择和安排、对教学方法的选择和运用、对学生兴趣的培养和管理、对教学条件的准备和优化、对课堂的设定和计划、对学生的研究和方案的制定等。这些因素会为教学增加很大的难度。如果教师按照体育教学原则进行，那么教学工作就是正确的、科学的，教学质量就能得到基本保障。因此，教学原则能够帮助教师梳理教学思路，保证教学的科学性。

（三）作为观察体育教学的视角

体育教学原则反映的是体育教学的基本要求，所以说在教学的过程中，只有遵循体育教学原则才能满足体育教学要求，这样才会呈现出合理的外部特征和表现。反之，如果不遵循体育教学原则，就不能保证教学目标的顺利实现和教学过程的科学性。因此，在教学过程中，可以以体育教学原则为视角观察教学的外部特征和教学表现，从而判断体育教学实施过程的合理性。

（四）作为评价体育教学效果的标准

任何一种对教学的评价都有可能出现主观依附性，导致对教学效果产生干扰，影响体育教学评价的科学性。如果以体育教学原则为参考进行评价，不仅能统一体育教学评价的标准，还能保证体育教学评价的科学性。

四、体育教学原则的因素与要求

事实上，体育教学原则的构成具有复杂性，无论是一般教学原则还是体育教学原则，都是由很多具体的原则构成的，所以教学原则作用的发挥也并不是由一个简单的原则促成的。之所以会对体育教学原则进行整合和归纳，将几个甚至十几个原则捆绑在一起，是因为体育教学涉及的因素很多，如果不对原则进行细分，那么就会使体育教学原则归纳起来比较复杂，也不利于对教学过程的掌握。笔者通过对体育教学原则的研究和分析，认为体育教学原则一般符合以下五大因素和要求。

（一）政治因素与要求

体育教学是受到国家政治因素调控的。政治因素与要求是由国家教育部门根据当今的政治特点和需求确定的，这种政治因素与要求是教学的基本要求，也是教学应该遵循的基本原则。政治因素与要求是国家总的教育方针和政策，任何一项体育活动的实践都必须在这个范围内进行，如果脱离了这一限制，教学就会朝着偏离目标的方向进行，不利于教学质量的提高。例如，体育教学中要求学生素质全面发展，这是因为虽然当今社会生活水平提高了，但人们的身体素质却降低了，体育教学又是学校教育中培养学生全面发展的基本手段之一，因此在体育教学中，关于实现学生全面发展的原则就是政治因素与要求影响下的产物。

（二）学科体系因素与要求

虽然体育教学与其他学科相比，有着非常明显的区别，但是每一个学科的教学都应该遵守学科的一般要求，这是教学实施的前提和基本要求。如果在教学的过程中不遵守学科体系因素与要求，那么教学就会失去科学性和合理性，朝着错误的方向进行，同时还可能造成教学步骤混乱、教学失去重点、难以达成目标等。如有序性原则、结构性原则、科学性和思想性相统一的原则，都是在学科体系因素与要求上确立起来的。

（三）学生发展因素与要求

学生是学科教学活动中的重要组成部分，是教育活动的承受者和教学效果的表现者，也是教学过程合理性与否的体现者。不同学生的生长环境和心智上存在差别，因此在教学过程中应该对学生进行研究和分析，把握每一个学生的特点，以便于针对性教学的实施，保证教学的质量。如启发创造性原则、因材施教原则、启发诱导原则、动机原则、积极主动性原则等。

（四）教学法理因素与要求

教学法理因素与要求是根据学生在教学中的接受能力和教学内容的特点，以及学生的心理发展特点和教学方法特点制定的，坚持这样的教学原则能够保证学生学习的合理性和科学性，有利于学生对学科知识的接受和掌握，促进教学质量的提高，如理论联系实际原则、直观性原则、巩固性原则、循序渐进原则、系统性原则、反馈原则等。

（五）教学工作因素与要求

教学工作是教学的中心环节，也是教学最重要的环节。教学工作是教学实施的过程，教学工作中涉及教学形式、教学方法、教学条件和教学过程等因素，其中每一个因素都有其基本的要求，只有在教学过程中认识到这几个因素的重要作用，才能保证教学的准确性和合理性，如教学整体性原则、教学形式最优化原则、教学方法优化原则、教学条件优化原则、教学过程优化原则等。

在进行体育教学时，必须建立一个内容完整、词义准确、指导性强、便于记忆的教学原则体系，这样才能发挥整个教学原则对教学活动各个环节的指导作用，促使体育教学达到最优化。

第二节　我国体育教学原则的发展

本节对我国体育教学原则发展的六个阶段进行了回顾，并对体育教学原则的发展趋势进行了展望，评析了体育教学发展轨迹、原因及具有的指导意义，据此确立了体育教学原则的未来发展方向。

自从扬·阿姆斯·夸美纽斯（Jan Amos Komenský）将教学原则这一概念引入教学研究的范畴，它便一直作为教学中的重要组成部分，受到不同时代教学工作者的关注和研究。教学原则是随着人们的教学经验和认识的不断深入而逐渐发展起来的，但是根据教学的特点来看，教学原则的范畴并不是一成不变的，这是由于教学原则来源于人们对教学经验和教学认识的积累，教学原则也是随着人们对体育教学认识的发展而不断发展的。

体育教学原则是对长期体育教学实践经验的总结和概括，是对体育教学中客观规律的反映，是体育教学研究者在体育教学过程中必须遵守的行为准则。体育教师对体育教学原则的掌握和教学规律的运用，可进一步促进体育教学的发展，提高教学效果，促进教学质量的提高，因此，掌握和理解体育教学原则，对体育教学工作具有重要的意义。

一、我国近代体育教学原则的发展历史

研究体育教学原则的发展进程，有助于提高体育教学研究者对体育教学的认识，增强其对体育教学原则的重视，促进教学原则的不断完善，提高体育教学的质量。笔者对体育教学原则的发展进行了研究，将其发展轨迹概括如下。

（一）引证借鉴与经验总结时期

我国体育教学的存在和发展主要受到 20 世纪 20 年代教育家、心理学家、体育专家提出的"自然适应性"和"实用主义教学观"的影响。例如，我国体育教学的先驱陈咏声在 1933 年出版的《体育概论》中指出："体育教学原则就是要求体育教学适应学生的年龄、适应学校的环境、适应社会发展的状况等。"可见，早期的体育教学原则的制定受自然环境和外界环境的影响较大。

王学政在 1944 年出版的《体育概论》中对教学原则的概述，主要是依据美国心理学家、教育学家爱德华·李·桑代克（Edward Lee Thorndike）的关于"准备律、练习律、效果律"的思想，王学政指出体育教学原则主要包括以下三个方面：第一，准备律，借此引起学生学习的动机，激发学生在学习过程中建立主观能动性；第二，练习律，要保持练习的连续性，不能中断，在练习的过程中不能敷衍了事；第三，效果律，通过教学过程的开展，促进学生学习目标的实现，提升体育教学的质量。

在 20 世纪三四十年代，我国教学研究者能够引证或借助于当时的自然科学和心理学的研究领域对体育教学原则进行论证，对于我国的体育教学而言，这无疑是体育教学研究的一大进步。从这一时期对教学原则的研究和分析中可以看出，教学原则的制定仍没有达到以经验总结为依据的水平，同时对教学客观规律的概括水平还不能满足教学原则制定的需要。换句话说，这一时期教学经验的总结水平和教学的概括水平还比较落后，还不能作为提出体育教学原则和规律的启发及条件补充。它从侧面反映了在这一时期，人们对体育教学规律、教学要求和教学原则之间存在的界限仍不清晰的状况，以至于我国体育教学标准具有多样性。提出或者制定体育教学原则的着眼点各有不同，但是其中都有很多值得借鉴和继承的部分，对我国体育教学原则的研究和发展具有重要的参考价值。

（二）学习借鉴与引进时期

20 世纪 50 年代以来，我国主要借鉴和学习苏联的体育教学理论，在这一时期，包括科里亚科索夫斯基在内的教学研究者提出的体育教学理论在体育界和学术界影响深远。这一时期的苏联，基本已经形成了完整的体育教学原则体系。苏联的体育理论学家依·格·凯里舍夫在其主编的《苏联体育教育理论》中提出，体育教学原则由以下五个部分组成：第一，自觉积极性原则。由于体育教学是一个实践性较强的学科，需要学生亲身参与才能完成，因此教学过程要严格坚持这一原则。第二，直观性原则。体育教学对学生而言是一门相对简单的学科，是通过身体的运动完成的，因此在教学的过程中应该坚持直观性的原则，以保证教学的效果。第三，系统性和连贯性原则。系统性和连贯性原则是任何一个学科都应该遵守的原则，这是教学的根本。第四，可接受性原则。可接受性原则是指教学的内容要易于被学生接受，这是教学的前提和要求。第五，巩固性原则。体育教学是一个终身学习的过程，加上体育教学的身体运动的复杂性，因此需要不断巩固才能最终被学生掌握。苏联的体育教学原则理论体系主要受伊凡·安德烈耶维奇·凯洛夫（Иван Андреевич Келов）教育理论的影响，是通过对教学中涉及的因素、教学的实质及对教学对象的分析提出的，比较注重的是教师在教学过程中的作用，偏向于教学过程对学生的知识和技能的要求。

我国在体育教学原则的制定过程中，受苏联的体育教学原则的影响较大。我国在这一时期编制的《体育理论》教材中的教学原则，就是根据苏联的体育教学理论的思想确定的。具体内容如下：第一，从教学对象的身体情况出发的原则。这一时期所提倡的体育教学，实际上就是对学生的身体的教学，因此要关注学生的身体状况，这是教学的保证。第二，直观与思维相结合的原则。体育教学是一个复杂的教学，涉及的领域众多，因此在教学的过程中应该坚持直观与思维相结合的原则，保证教学过程的全面性。第三，身体全面训练的原则。体育教学是通过身体的运动完成的，是身体运动的结果。第四，系统性原则。体育教学同其他学科的教学一样，不论是知识还是技能的学习，都存在很强的系统性，因此在教学的过程中也应该保证其教学的系统性，便于学生学习和接受。第五，合理运用运动量的原则。运动量是体育教学的专属名词，是体育教学的重要组成因素之一，只有保证机体所承受的运动合理，才能最大限度地发挥体育教学的作用。第六，训练的长期性和周期性原则。体育锻炼的目的就是提高学生的身体素质，身体素质的提高不是一朝一夕就能完成的。

上述这些体育教学的原则与上一时期的体育教学原则的内容相比，有了较高层次的进步，开始重视学生的主动性和体育技能及相关能力的培养，对体育教学起到了指导性的作用。但是，通过对上述体育教学原则的分析可以看出，体育教学原则的确立理应建立在体育教学实践之上，这一时期的体育教学原则并不具有全面性，也不能准确地反映体育教学的规律。

（三）改革开放与探索发展时期

20世纪80年代以后，我国体育理论界开始致力于探索具有中国特色的体育教学原则体系，但是对体育教学原则却没有统一的认知和观点，出现了多种体系并存的现象，主要表现在以下两点。

（1）1981年，体育院、系教材编审委员会《体育理论》编写组编写的《体育理论》教材中，将体育教学原则体系总结为以下六个基本原则：自觉积极性原则、直观性原则、从实际出发原则、循序渐进原则、身体全面发展原则、巩固提高原则。

（2）金钦昌在1987年出版的《学校体育理论》中指出，体育教学的主要原则有以下七个：自觉性积极性原则、从实际出发原则、身体全面发展原则、合理安排体育运动量原则、直观性原则、循序渐进原则、巩固与提高相结合原则。

从以上两种对体育教学原则体系的论述中可以看出，经过不断的发展和经验的积累，人们对体育教学原则的认识逐渐深入，并在原则内容的制定上有了进一步的提高，把体育教学原则体系的构建提升到学科教学原则的基础上进行，但是没有真正形成适合体育教学实际需求的体育教学原则体系。

（四）逐渐稳定时期

体育教学发展至20世纪90年代，随着体育教学相关的学科教学体系和教学原则的不断完善，人们对体育教学的认识也不断加深，制定体育教学原则所依据的观念也呈现出多样化和具体化。心理学、生物学等与体育教学息息相关的多种新兴教学的产生，促进了体育教学目的的形成，同时也促进了体育教学原则体系的不断完善。

1998 年，申建勇发表的《素质教育的若干体育教学原则探析》中指出，较为完整和科学的体育教学原则体系包括主体性、发展性、全面性、因材施教性和创造性五条原则，这使得我国体育教学原则制定思路和方法不断向具有规范性和科学性的方向发展。

总之，这一时期的体育教学原则体系呈现出蓬勃发展的局面，体育教学从以往过分注重学生的技能培养，逐渐转变为注重减少学生的心理负荷，同时终身体育的概念得以延伸。因此，这一时期的体育教学原则体系逐渐趋于成熟，体育教学更加合理。

（五）课程改革与创新时期

进入 21 世纪之后，随着人们思想觉悟的提高和对体育教学的重视，社会各方对体育的发展提出了更高的要求。随着"以人为本""终身体育"等一系列先进的体育教学思想的不断完善，体育教学原则体系的构建过程中，也十分注重学生的心理健康观和终身教育观等较为符合现代化要求的体育教学观念的培养。

毛振明主编的《体育教学论》中所提出的体育教学原则，就是根据现代社会发展对体育教学的基本要求制定的，具有教学发展的合理性。例如：合理安排身体活动量的原则——保证体育教学合理性的基础；注重体验运动乐趣的原则——注重对学生学习兴趣的培养，符合现代体育教学思想中"快乐体育"的号召；促进学生技能不断提高的原则——体育教学的目标，也是体育教学质量的保证；在集体活动中进行集体教育的原则——充分发挥体育教学的寓教于乐精神的体现；因材施教的原则——由学生在发展过程中呈现出的差异性决定，因此教师为了保证教学的质量，要根据学生的特点采用合适的方法进行教学；安全运动与安全教育的原则——体育教学的基本保证。

从以上体育教学原则体系中可以看出，我国体育教学原则体系已经更加完善，教学原则所包含的内容和方向也能全面地反映当今时代对体育教学的需求，提高了体育教学原则的合理性。

二、我国体育教学原则的发展方向

体育教学原则随着时代的发展和人们意识的不断提高而呈动态变化。笔者通过对历年来体育教学原则和体育教学特点的研究，将体育教学原则的未来发展方向总结为以下四点。

（一）人文精神在体育教学原则的研究中将得到改观

人文精神在体育教学原则的研究中将得到改观，这一观点的形成，主要是由以下教学方向和观点的变化引起的：第一，更加重视和突出教学主体性发展的问题的研究。这种研究主要是从学生学习的积极性和主动性入手，保证教学能够不断激发学生的主观能动性，提升学生的学习兴趣，提高学生的学习动力。这需要体育教师在教学的过程中注重对学生自主活动、师生之间的平等交往等问题的研究，其最终目的就是培养学生对体育课程学习的兴趣。第二，更加注重体育教学的审美性、情感性和艺术性。因为体育教学的目的就是提升学生的身体素质，所谓的身体素质既包括身体的健康也包括心理的健康，总之就是促进学生德、智、体、美、劳全面发展，因此，在对学生进行体育教学的过程中，要注重对学生的情感、审美和艺术方面的教育。

（二）重视学生整体素质的全面发展

随着素质教育在我国的全面普及，注重学生整体素质的培养已经成为当今时代教育的主题。学校体育教学事业为了适应体育教学改革的标准，在教学内容上突破以知识为主的教学原则体系框架，注重对学生的体育知识的引导和学生的个人品质的培养，以促进学生全面发展为宗旨，这已经成为体育教学研究和教学发展的一种趋势。为了满足当前我国素质教育的需求，学校体育教学事业还提出了"身心全面发展的原则"和"多元化评价的原则"等。这些促进学生全方面发展的教学原则的确立，主要是为了适应时代的发展对体育教学的需要，培养时代所需的专业人才。

（三）重视教与学的统一

体育教学的原则是随着人们意识的发展和时代的变化而不断变化的。随着体育教学发展的不断完善和人们对体育教学认识的不断深入，人们逐渐认识到传统体育教学原则存在的片面性。在传统体育教学过程中，受到传统教学思想的影响，教学重教轻学，使得传统教学原则的提出也多局限于对教师的"教"的规定，但并未对学生的"学"做详细的探讨。但是体育教学的目的是实现学生身心素质的全面发展，因此制定教学原则时，应该明确为学而教的思想，注重教与学两者的统一。

（四）构建全新的现代化体育教学原则体系

教学原则体系需要随着时代的变化和人们意识的提高而不断完善，为了保证体育教学的质量，急需构建一套全新的现代化的体育教学体系，这不仅是体育教学原则研究的根本目的，还是体育教学研究者为了响应时代的发展迫切需要解决的问题。在构建符合现代教学需求的体育教学原则体系时，要吸收前人的经验，在前人总结的教学经验的基础上进行，还要保证教学原则具有一定的概括性，同时也要具备教学的个性，在提高学生的素质、发展学生的个性、反映教学规律、达到教学目的等方面同时下功夫，构建一个完整的、全面的、具有时代意义的体育教学原则体系。

第三节　我国体育教学的主要原则

体育教学原则在体育教学过程中具有非常重要的指导意义，本节主要以体现体育教学的活动特点和增强体育教学原则的指导意义为侧重点，并结合当前中国体育教学课程和教学改革的实际需要及国情，对我国当前基本体育教学原则进行分析和总结，旨在为体育教学研究者提供更多理论方面的知识参考。

一、合理安排身体活动量的原则

合理安排身体活动量是保证体育教学科学性的前提和基础，是素质教育对体育教学的基本要求。如果体育教学的运动量较小，就无法满足学生的身体发展需求；如果运动量过大，就会对学生的身体造成损害。

（一）合理安排身体活动量原则的含义和依据

合理安排身体活动量的原则，是指在教学的过程中必须体现体育教学的本质特点——身体的活动性，而且要根据学生的身体状况和运动的特点，保证学生接受的活动量在肌体承受能力之内，同时又能够满足学生掌握体育知识和技能的需要，以及身体发展的需要。

合理安排身体活动量的教学原则是依据体育教学的特点，以及学生在身体锻炼过程中所承受的运动负荷的规律而提出的。

科学的身体运动是学生锻炼身体和掌握基本运动技能的过程，也是保证体育教学目标实现的过程，因此，在体育教学过程中要保证学生肌体所承受的运动量的合理性。

（二）贯彻合理安排身体活动量的基本要求

前面已经介绍了在进行体育教学时需要坚持合理安排身体活动量的原则，笔者根据对体育教学原则的分析和体育教学中相关因素特点的研究，得出了贯彻"合理安排身体活动量"这一原则的基本要求。

1. 活动量的安排要服从体育教学的目标

在教学的过程中，教师合理安排体育教学的活动量，实际上就是为了保证教学活动的科学性。合理运动量的安排能最大限度地发挥体育教学的优势，促进教学目标的实现。如果某位教师在对学生进行身体训练时安排的运动量超过了学生的身体承受能力，则会对学生的身体造成伤害，无法保证"促进学生身心健康"这一教学目标的实现。

2. 活动量的安排要符合学生的身体发展状况和身体发展需要

身体运动量的科学性能促进学生身体素质的提高，降低现代生活中一些不利因素对学生造成身体方面的影响。教师要科学地安排学生的活动量，首先应该对学生的身体发展状况进行研究，清楚学生身体发展的需要，这样才能保证活动量的合理性。

3. 要通过科学的教程、教材和教法的设计合理安排身体活动量

体育教学运动具有复杂性的特点，运动项目多种多样，有的运动量大，有的运动量小，呈现出不平衡的态势。因此，在教学设计的过程中要考虑到学生的运动量问题，以此进行教程、教材和教法的设计。

教学的过程是实现体育教学目标的过程，由于教学的各个阶段的教学任务和教学内容不同，在教学过程中还要根据不同阶段的教学内容及教学内容的特点合理安排运动量。

教法是教学呈现，也是调节运动量的根本手段，因此在教学的过程中，要跟随体育教学活动的情况随时调整运动量和运动强度，保证运动量的合理性。

4. 因人而异地考虑运动量

学生是教学活动的主体，因此要保证教学过程中运动量控制的合理性，应该以学生为重点，根据学生的身体特点因材施教地安排运动量，调节运动量的大小，在达到体育教学对学生整体要求的水平上，根据学生的身体强弱进行运动量的控制。

5. 逐步提高学生控制运动量的能力

在体育教学过程中，除了要促进学生运动技能的提高，提高学生对相关运动的知识和要求的掌握，还要教导学生一些判断运动量和调整运动量的方法和技巧，帮助他们合理地控制运动量，逐步地学会锻炼身体。

二、注重体验运动乐趣的原则

运动乐趣是培养学生学习兴趣基础和前提，是保证学生在学习过程中发

挥主观能动性的基本条件，也是促进体育教学目标实现的基本保障。如果学生在体育教学过程中体会不到运动的乐趣，那么他们就会失去对体育学习的兴趣，不利于教学活动的开展。

（一）注重体验运动乐趣原则的含义

注重体验运动乐趣原则是指在体育教学过程中，传授学生体育相关知识和技能的同时，让学生感受到体育学习的乐趣，这样能使学生喜爱体育运动，并积极参加体育教学活动。

注重体验运动的乐趣，是根据体育教学的特点和学生在体育运动中情感的变化提出的，体验运动乐趣是人参与体育运动和体育比赛的重要目的。随着科学技术的不断更新，人们生活的节奏也日益加快，这些快节奏的生活方式给人们的健康带来了不利的影响，人们急需通过体育锻炼维持自己的身心健康，所以体育运动逐渐成为人们生活的一部分。

让学生体验体育运动的乐趣，同时也是促进体育教学质量提高的手段，因为体育教学侧重的是学生的学习活动，学生只有在体验到体育运动乐趣时，才会增加对体育运动的兴趣。有了兴趣，他们学习的主动性和积极性才能被充分调动，体育教师才能不断提高体育教学的质量。

（二）贯彻体验运动乐趣原则的基本要求

在体育教学的过程中，贯彻体验运动乐趣原则的基本要求有以下六点。

1. 正确理解和对待体育运动中的乐趣

每项体育运动项目都有其固有的运动乐趣，这些乐趣来源于这些体育运动项目的特征。体育教师要想充分地挖掘和利用运动中的乐趣，促进教学目标的实现，首先应该正确地理解和对待它们，既不能无视它们的存在，又不能盲目地挖掘，要从体育教学目标、运动的特点、学生的情感倾向等方面深刻地理解体育教学运动中的乐趣。

2. 注重从学生的立场理解教材

教师和学生是体育教学中的两大主体，是教学活动的重要组成部分。教师是教学活动的教授者，学生是教学活动的接受者，两者的立场不同，因此理解教材的角度就有所不同。教师往往从教学过程和教学目的两个方面理解教材，学生往往从乐趣和挑战两个方面理解教材。再加上学生是教学活动的参与者，是教学方法的受用者，也是教学目标的体现者，因此应该注重从学生的立场理解体育运动中的乐趣。

3. 让每一个学生都能不断获得成功的体验

体育与其他学科的根本教学目标一致，就是提高学生的知识和技能，使学生不断成长。但是与其他学科教学不同的是，体育教学是一个与学生的身体条件密切相关的教学活动，每一个学生受到遗传因素的影响，在身高、体重和运动技能等方面有所区别。如果开展集体的训练活动，那么一些身体条件较弱的学生很容易在学习的过程中体验到差距。因此，为了保证学生在学习过程中的平等性，就必须通过各种教学的加工和教学方法的优化，让学生不断体验成功的乐趣，增加学生的自信。

4. 处理好运动乐趣与运动技能之间的关系

前面已经介绍，要让学生在运动的过程中体验到成功的乐趣，但是体育教学的目标是提升学生的运动技能，因此在教学的过程中要保证两者之间的统一。体育教学中有些内容具有趣味性和技能性，但是有的运动技能性偏重。只有技能性和趣味性两者相统一，才能促进教学目标的实现。因此，在教学的过程中，要将趣味性和技能性较强的活动作为教学的重点，同时也要挖掘技能性偏重活动中潜藏的趣味性，提升教学质量。

5. 开发多种有利于学生体验乐趣的教学方法

在教学的过程中，教师除了要重视体育知识的传授，还要善于采用多样化的教学方法帮助学生体验运动的乐趣。例如，在教学的过程中，可以通过运动项目的特点，灵活地使用游戏法、比赛法、领会教学法等，让学生能够充分地、平等地体验到体育的乐趣，促进学生对体育学习兴趣的建立。

6. 体验乐趣不忘磨炼学生的意志

从我国的国情来看，现在的学生大多属于独生子女，在家人和社会的关爱中长大，因此对挫折的承受能力较弱，往往在经受失败之后便会自暴自弃。体育教学的目的是促进学生全面发展，因此在教学的过程中不能忽视磨炼学生的意志，更不能一味地迁就学生的兴趣，要让学生在体验乐趣的同时得到磨炼。

三、促进技能不断提高的原则

体育教学的目的是促进学生技能的提高，因此在教学的过程中要注重促进学生技能不断提高的教学原则，保证教学目的的实现，提高教学质量。

（一）促进技能不断提高原则的含义

促进技能不断提高原则是指，在教学的过程中教师要通过各种教学方法的运用，不断提高学生的运动技能，提高学生的运动成绩，从而提升体育教学质量。

促进体育教学技能不断提高的原则是由体育教学的目标、社会的需求和肌体发展的需求三个因素决定的，同时也是实现体育教学终身化的基本前提和条件。

掌握体育教学的运动技能，是通过体育教学提升学生的运动能力、发展学生的运动素质、提升学生运动技能的有效途径，也是让学生体验运动的乐趣、提升体育教学质量的前提，更是判断体育教学目标是否完成、检测教师教学能力高低的标准。

（二）贯彻促进运动技能不断提高原则的基本要求

促进学生运动技能不断提高，是体育教学目标的重要组成部分，也是体育教学的意义所在。在制定这一教学原则时，应该做到以下四点。

1. 正确认识运动技能在体育学习中的重要意义

从前面关于"促进技能不断提高原则的含义"的讲述中可以清楚，掌握运动技能是教师教学和学生学习的目的。掌握运动技能可以锻炼学生的身体，提升学生的运动素质，促进教学质量的提高。因此，教师在教学的过程中，要注重提高学生的运动技能。

2. 明确运动技能学习的目的，有层次地掌握运动技能

体育教学要求学生掌握运动技能，就是为了丰富学生的学习生活，增强学生的身体素质，保证学生的健康成长。因此，在教学的过程中，开展以提高运动技能为目的的教学时，要树立"健康第一"和"终身体育"的思想。将体育教学目标根据教学任务进行分阶段的划分，有层次和分门别类地让学生掌握体育教学大纲所要求的运动技能。

3. 要钻研"学理"和"教学"，提高教学质量

要想提高教学质量，首先应该做到"知己知彼"。因此，要想让学生很好地掌握体育运动技能，就必须详细地掌握运动技能的规律，特别是教学环境中的各种运动技能的特点和发展的规律。由于体育教学是一门较为复杂的学科，并且教学的时间相对有限，为了保证体育教学的效率，必须研究体育教学技能提高的途径和规律。

4. 要创造提高运动技能的环境和条件

任何一种技能的学习都会受到环境和条件的影响，只有在环境和条件相适宜的情况下，才能最大限度地发挥教学的效果。影响这种环境和条件的因素包括教师自身的运动技能和水平、教学场地和器材的优化，还有体育教师对学生学习氛围的营造。

四、提高运动认知、传承运动文化原则

提高运动认知原则能够促进学生体育相关知识和技能的形成，传承运动文化原则能够增强学生的责任感，从而激发学生对体育教学的兴趣，促进学生对体育技能的掌握。

（一）提高运动认知、传承运动文化原则的含义

提高运动认知、传承运动文化原则，就是在进行体育教学时，通过对学生的体育知识和技能的培养，增加学生对体育运动的认识，加深学生对体育运动文化的理解，便于学生对体育文化进行接收和传承。

体育运动是通过各种运动体验而形成的一种特殊的运动方式，而且就目

前运动在人们生活中的价值和社会发展的趋势可以看出，人们对运动的认知能力的提高，不仅有利于身心健康，还有利于运动文化的传承和发展。

每一门学科都有其重要的作用，体育教学的作用之一就是提高学生的运动认知能力，促进学生身心健康的全面发展。因此，在开展体育教学的过程中，要坚持提高运动认知、传承运动文化的原则。

（二）贯彻提高运动认知、传承运动文化原则的基本要求

在体育教学中，贯彻提高运动认知、传承运动文化原则的基本要求有以下三点。

1. 重视体育教学中的认知因素

重视体育教学中的认知因素，就是要在教学过程中，注重学生对运动技能的掌握和对体育运动文化的理解。加强学生对运动技能的认知有利于他们在今后的终身体育学习中对运动技能的运用，将体育运动很好地融入生活之中。

2. 注重培养运动表象和再造想象

运动表象和再造想象是学生掌握技能的基础，学生头脑中关于运动表象和再造想象储备的知识越多，对运动技能的接受和掌握就会越迅速和高效。因此，教师在体育技能教学的过程中，要不断向学生演示运动的具体动作，并督促学生模仿练习，以巩固和熟练动作。

3. 注意开发有助于学生认知的教学方法和手段

方法和手段是实现教学目标的基础。体育教学是一种较为宽泛的教学，在体育教学过程中，要提升学生的运动认知和技能，就必须采取正确的教学方法和手段。在教学方法的选择上，要注重创新方法和层层深入方法的开发；在教学手段层面，要重视对娱乐性较强的教学手段的开发，从而帮助学生提高运动知识和技能。

五、在集体活动中进行集体教育原则

体育教学侧重集体性，有些活动强调以小组为单位，这有利于在活动进

行过程中增强学生的团结意识，提升学生的集体荣誉感，这也是体育教学的目的之一。因此，在集体活动中要注重集体教育原则。关于在集体活动中进行集体教育原则的含义及基本要求介绍如下。

（一）在集体活动中进行集体教育原则的含义

在集体活动中进行集体教育原则是指在学生进行集体性的学习活动时，要注重对集体荣誉感和团结性等集体活动特性的培养，增强集体的凝聚力，使学生形成正确的集体意识，养成良好的集体行为习惯。

在集体活动中进行集体教育原则依赖于组成集体的特点、集体活动的规律、集体运动的发展等。

体育教学活动主要以协同、竞争、表现为特点，这些特点主要是在集体活动形式中得到体现。再加上体育教学侧重于室外教学，受到场地、教学活动范围和教学方式的影响，体育室外教学的开展一般以小组为单位，这使得体育教学具有集体性，因此在教学过程中要注重对学生进行集体教育的原则。

（二）贯彻在集体活动中进行集体教育原则的基本要求

根据体育集体活动和集体组成的特点，将体育教学中贯彻在集体活动中进行集体教育原则的要求介绍如下。

1. 分析、研究和挖掘体育教学中的集体要素

从体育教学的特点可以看出，体育教学中有很多集体性的要素，因此在进行体育教学的过程中，要注重分析、挖掘具有集体含义的要素，如团队的意识、共同的目标、互帮互助的活动形式等。教师在进行集体教学的过程中，要将这些要素有目的、有意识地融入学生的集体活动和体育学习之中，以便促进对学生团结意识和集体荣誉感的培养。

2. 善于设立集体运动的场景

在体育教学过程中，衡量教学活动具有集体性的依据是检测集体是否具有共同目标、是否具有共同的学习平台，因为共同的目标和学习平台是集体运动的重要组成部分。

共同的学习目标是每个学生学习的动机和欲望，共同的学习平台是学习的场所和环境，能够体现集体的存在感。这两个要素能够让学生更好地凝聚在一起，互帮互助完成共同的目标。因此，教师要贯彻教学中的集体教育原则，就应该善于设立集体运动的场景，如打篮球、进行拔河比赛等。

3. 善于开发有助于集体学习的方法

要想合理贯彻集体活动中进行集体教育原则的手段，就必须建立有助于集体学习的方法，这是促进教学目标实现的重要方法。例如：组织学生进行课堂讨论；分组进行某种运动技能的比赛；等等，这些教学方法将为体育教学中贯彻集体教育原则提供技术上的保证。

六、安全运动与安全教育的原则

安全运动与安全教育的原则是体育教学的根本要求，因为开展体育教学的目的就是提高学生的身心健康水平，如果脱离了安全这一宗旨，任何一种教学活动都不能称为科学有效的教学方式。

（一）安全运动与安全教育原则的含义

安全运动与安全教育原则是指在教学的过程中保证安全教育的同时，对学生进行安全意识的培养和教育。

安全运动与安全教育的原则是依据体育运动中的特点和加强学生体育教学的目的两个方面确定的。众所周知，体育运动是由剧烈的身体活动、野外活动、集体活动、器械运动等一系列身体上的运动组成的，因此体育运动是一种危险系数较高的活动。初学者或体质较弱的学生在学习某类活动时风险较高，但是这种风险是相对的，是可以避免的。因此，在体育教学之前，要进行严格的设计，保证教学的安全性。

（二）贯彻安全运动与安全教育原则的基本要求

在体育教学中贯彻安全运动与安全教育原则的要求如下。

1. 教师必须周到地预想所有存在安全隐患的因素

从长期的教学经验可以看出，体育教学中有很多存在安全隐患的因素都是可以预测的，如因学生的身体差异、器械的损害、场地不合理、天气等。在进行教学之前，教师只有根据这些因素进行合理的规划，以保证教学的安全。

2. 时刻对学生进行安全运动教育

要在教学过程中贯彻安全运动与安全教育，就需要对广大的学生普及安全教育知识，让学生在学习的过程中时刻坚持安全第一的原则，这样才能将安全意识落到实处。

3. 建立运动中的安全制度和安全设备的管理

制度是约束学生行为的一种较有权威性的规范，建立运动中的安全制度，能够让学生在教学的过程中自觉遵守安全行为规定，限制危险运动或行为。设备是体育教学中不可缺少的条件之一，也是危险的存在载体之一，因此要在教学的过程中重视对设备安全的管理。

第五章　篮球运动训练康复

第一节　篮球运动概述

篮球运动是 1891 年由美国人詹姆斯·奈史密斯（James Naismith，以下简称"奈史密斯"）发明的。当时，他在马萨诸塞州国际基督教青年会训练学校（斯普林菲尔德学院）任教。由于当地盛产桃子，这里的儿童又非常喜欢做用桃子投筐的游戏，这使他从中得到了启发，并借鉴了一些足球、曲棍球等其他球类项目的特点，创编了篮球游戏，逐渐演变成了今天的篮球运动。

一、大学篮球运动体育文化概述

篮球文化广义上是指以篮球运动为活动形式来体现体育道德和价值观的一种社会意识，是围绕篮球运动而产生的精神和物质财富的总和。狭义上则是指通过篮球运动获得的价值观及感悟出的篮球运动的观念、战术的思想和战术的意识，进而使运动者的身心得到和谐、健康的发展，尤其以精神为核心的一种社会现象。同时，篮球文化是观赏和参与篮球运动的人的思维方式和行为方式的制度化凝结，是篮球运动知识、技能、习俗和制度的总称，其核心是篮球价值观的群体共识，其实质是篮球运动的"人化"和"化人"。它的构成既包括篮球参与者的观念文化，也包括篮球参与者的行为文化；既包括意识形态的软文化，也包括物质形态的硬文化。

（一）高校校园体育物质层面

物质层面作为高校校园文化的外在标志，承载着高校校园体育制度层面和精神层面。它主要包括高校的体育场馆建筑、体育设施、运动器材、体育相关的消费、体育师资队伍的建设及体育图书、期刊、音像信息的传播等，与体育有关的所有实物都可以被划分到校园体育物质层面之中。

（二）高校校园体育制度层面

高校校园体育制度层面是指在体育教学、竞赛、娱乐等活动中要求学生共同遵守的规程、行为准则和文化体系，它是在体育教学实践中形成和发展起来，并通过条文规范或大家认可下来的。高校校园体育制度层面处于物质层面和精神层面的中间，是高校校园体育文化能够顺利进行的制度保障。高校校园体育制度层面包括体育教学、体育管理、体育科研、体育竞赛、体育协会等有关的组织和管理的规章制度，主要体现为校园体育制度与校园体育传统两个方面。

（三）高校校园体育精神层面

高校校园体育精神层面是校园体育文化的精髓和核心。高校校园体育精神层面是指在一定历史阶段，从高校体育文化建设中积淀、整合和提炼出来的，能反映高校体育文化的行为准则、价值观念和意识的总和，同时也是高校大学生的体育精神生活方式和意识形态的反映。它一旦形成，就能起到方向标和向心力的作用，影响大学生的体育运动习惯、意识、精神等，有利于培养大学生积极向上的乐观性格、顽强拼搏的意志品质、遵纪守法的处世原则、团结协作的集体观念，包括大学生的体育知识、体育目标、体育观念、体育风尚、体育精神和体育道德六个方面。

物质层面、制度层面和精神层面是一个有机统一体，哪一个都无法独立存在，它们之间相互依托、相互渗透。其中，物质层面是基础，制度层面是必要保障，精神层面是核心。

二、篮球运动在大学校园体育文化中的发展

目前，绝大多数的高校都成立了独立的篮球运动队和篮球运动俱乐部，而且篮球运动在大学校园中的发展也越来越快，受到了多数大学生的喜爱，对大学校园体育文化的健康发展起着极其重要的推动作用。

（一）美国职业篮球联赛（NBA）对高校校园体育文化的影响

美国是篮球运动的发源地，NBA也是目前世界上最受欢迎、水平最高的美国国内篮球赛事之一，它对美国的经济、文化发展，以及篮球运动在全世界范围内的传播都有重要影响。NBA可以说是全世界篮球顶尖高手证明自我的大舞台，队员个个身怀高超的技艺，这些球员也不同程度地成了高校学生心目中的偶像，因此，观看NBA对高校学生的影响是巨大的，同时也是推动篮球运动在大学校园发展的重要推动力。

1. 加深对美国文化的认识

通过观看NBA，可以了解到更多的美国文化。美国作为世界上的超级大国，强大的不仅是它的经济，强盛的经济背后是强大的文化作为后盾。作为未来祖国栋梁的大学生，有必要从各个方面了解美国的文化，而观看NBA就是一条非常行之有效的渠道。在NBA赛场上可以看到各种各样的个性球员，他们有的特立独行只注重个人表现，有的标新立异吸引观众眼球，从中可以了解美国的一个文化，就是倡导自由，同时也认识到勇敢、挑战、团队合作和创新这些良好的品质也是备受美国人推崇的品质。这一文化使大多数美国人，尤其是大多数从事竞技运动的美国人，形成了敢于挑战、崇尚团队合作、不怕竞争、想成为英雄的品质。由于偶像效应，大学生中的篮球爱好者会在平时学习生活中更加愿意表现自己，张扬个人魅力，勇于挑战，表现出敢于竞争拼搏、敢于创新立意，从而把个人的气质和才华展现得淋漓尽致。

另外，通过赛前对主场队伍所在城市的介绍，大学生还可以了解更多的美国城市及相关的文化背景。通过主场队伍的表现，以及赛前和每节之间丰富精彩的啦啦队表演与互动活动，可以了解那里浓厚的人文关怀观念。由此，大学生在观看NBA转播时，可以了解更多的美国文化知识，提高自身文化素质。

2. 提高校园体育文化美育意识

众所周知，NBA聚集了世界上优秀的篮球运动员，他们有良好的身体素质、强大的空中优势及精湛的球技。他们那精妙的传球、精确的投篮、娴熟的运球及势大力沉的灌篮给人一种美的感觉。"空中接力"扣篮、最后时刻的"绝杀"、每日"五佳球"等精彩场面冲击着人们的视觉。战术上追求精简实效、灵活多变，再加上胜负的悬念，使观看 NBA 如同观看一场篮球运动盛宴，令人回味无穷，这便是体育美的获得和欣赏。此外，NBA 比赛中还充满"斗智"，智慧的较量使比赛精彩纷呈，战术行动的真真假假、声东击西、变化莫测，使比赛场面瞬息万变、扣人心弦，极大地增强了比赛的精神美。通过观看 NBA 可以提高大学生对体育美和精神美的认识与欣赏能力。

3. 促进校园体育文化，培养学生优良品质

在 NBA 赛场上，可以看到每位球员不仅是在进行身体上的激烈对抗，还是在比技术、比智慧、比心理，更是在比思想、比作风，这些都有利于促进学生培养敢于竞争的精神及优良竞争品质。另外，NBA 赛场上相当注重团队精神、集体合作和全局观念，这不仅对培养大学生协作精神具有良好的促进作用，而且可以培养大学生相互之间团结友爱的集体主义精神。同时，虽然 NBA 比赛胜负存在悬念，但最终还是有输有赢，哪怕只赢了对手 1 分。通过 NBA 比赛让学生重新认识和理解胜败的概念，可以培养学生"胜不骄、败不馁"的作风。总之，通过观看 NBA 能达到促进高校校园体育文化发展、培养学生优良品质的目的。

4. 强化校园体育文化，规范学生遵守规则

NBA 针对球员制定了完善的竞赛规则，球员只有在规则允许的范围内才可以尽情展示自己的技术和个性，如果技术和个性逾越了这些规则，就必然受到相应的警告、惩罚，如犯规警告、被罚出场，甚至禁赛罚款等。球员如果违反了合约的规定、爆出丑闻，同样会受到严厉的处罚，甚至被驱逐出联赛。最重要之处就是不管比赛规则还是合约准则，它都像"法律"一样对每个球员一律平等。大学生在观看 NBA 时会感受到球员与球员、球员与裁判、球员与观众之间的互相尊重，同时裁判针对每位球员都是公正、公平的，不会考虑球员的学历、身价、社会地位等，都一视同仁。大学生在日常学习生

活当中，在社会上或学校里确实有个人的自由，但如果超出了国家法律或校规校纪所规定的范围，就必然会受到国家或学校的处罚，无关个人自身的身份和地位差距，无关个人自身能力的高低。观看 NBA 可以让大学生深刻体会法律面前人人平等的原则，可以起到规范学生遵守规则的作用。

（二）篮球球星姚明对高校校园体育文化的影响

2012 年中国男篮噩梦般的奥运之旅，使广大球迷深刻认识到以前姚明在中国男篮中的重要作用，并急切盼望第二个"姚明"的出现。姚明，1980 年生于上海，2002 年以 NBA 历史上第一位外籍状元身份被休斯敦火箭队选中，经过个人的不懈努力，成为了美国 NBA 及世界篮坛巨星，是中国篮球史上里程碑式的人物。由于伤病原因，姚明于 2011 年 7 月 20 日宣告退役。姚明以高超的球技、顽强进取的精神、谦逊幽默的气质与人格魅力赢得了世界声誉，被美国《时代周刊》列入年度"世界最具影响力 100 人"，被中国体育总局授予"体育运动荣誉奖章""中国篮球杰出贡献奖"。姚明让世界对中国有了新的了解与认识，让更多的人关注、喜爱篮球。姚明的意义与价值，超越了篮球运动，超越了国界，当然，姚明对高校校园体育文化也产生了极其深远的影响。

1. 激发学生参与体育运动的兴趣

2012 年 8 月 29 日在四川首届"2012 姚基金希望小学篮球季"公益活动上，姚明表示中国学校体育活动的发展还在起步阶段，姚明说："在学生的生活中，体育远远落后于学习，体育应该扮演更重要的角色，多参与体育活动，孩子会更有信心，也会更快乐。"姚明对中国学校体育活动的看法与建议，必然会得到政府、学校、家长的高度重视，也必然会激发学生参与体育运动的兴趣。

姚明在 NBA 赛场上的表现牵动着广大学生篮球爱好者的心，也成为大学生课余闲暇时间谈论的焦点，让更多的学生了解篮球、参与篮球运动。在某种意义上，姚明现象扩大了高校体育学生数量，增长了学生的篮球体育知识，推动了高校篮球运动的发展。

2. 增强大学生集体主义、爱国主义的情怀

姚明的集体主义、爱国主义也给广大学生留下了深刻的印象。在姚明的篮球生涯中，凡是涉及国家男篮的重要赛事，他都义无反顾地回到国家队，即便是在脚部手术还未完全康复的情况下，仍积极地参加了当年的男篮世锦赛。在 2005 年的卡塔尔亚锦赛的四分之一决赛中，姚明虽血染赛场，但经简单处理后，仍坚持打完了比赛，在关键时刻带领中国队获得胜利。虽然姚明在国家队的地位无人能比，但姚明从不打"霸王球"，听从教练的安排，讲求团队合作。大学生会被姚明的这些举动打动，受姚明榜样力量的影响，也会增强个人自身的集体主义、爱国主义的情怀。

3. 对大学生体育精神的渗透

姚明在 NBA 打篮球的经历在不同程度上影响着当代大学生的人生观、世界观。其中，对大学生影响最大的就是姚明拼搏进取的精神。姚明在 NBA 赛场上靠着自己的努力、智慧及拼搏进取的职业体育精神，从零起步走到了辉煌。姚明在国家队篮球生涯中，率领国家队在国际奥运会赛场上获中国男篮历史最好成绩，在亚洲赛场上带领国家队所向披靡 4 次夺取亚锦赛冠军。在强手如林的 NBA 的 8 个赛季的常规赛中，姚明参加了 486 场比赛，首发 476 场，平均上场时间 32.6 分钟，平均得分 19.3 分，成为 NBA 中为数不多的在得分、篮板、盖帽等方面都非常全面的中锋。8 年 NBA 生涯 5 次参加全明星赛，5 次入选最佳阵容，姚明的这些数据与荣誉，是在赛场上一分一分拼搏下来的，是一场一场比赛坚持下来的，充满着汗水、伤痛与身心压力。大学生要从姚明篮球赛场过程中学到：通往成功的路上需要拼搏进取精神。

4. 增加大学生投身于公益慈善活动的信念

姚明投身于很多社会公益慈善活动，积极回报社会。姚明十分关注残障、智障人士的权益保护，他是世界特殊奥林匹克运动会全球形象大使，通过参与活动和拍公益广告片，号召大家从物质和精神上帮助那些弱势群体。汶川地震发生后，姚明始终心系灾区，向灾区捐款累计达 1600 万元，并且呼吁全球向汶川灾区捐款。北京奥运会开幕式上，作为中国代表团旗手的姚明，

拉着汶川地震抗震救灾小英雄林浩的手，走在队伍的前列，这温情一幕感动了全球亿万观众。此外，姚明还是全球野生动物保护行动的亲善大使，以及中华骨髓库、中国预防艾滋病宣传大使。姚明的公益慈善举动，会深深地震撼大学生的心灵，增加大学生投身公益慈善活动的信念。

篮球运动是高校校园体育活动中开展异常火热的体育项目之一，自1895年传入中国以来，凭其独特魅力与运动价值，早已成为大学生体育活动中最普及和最受欢迎的体育项目。从事篮球运动，不仅可以锻炼身体，丰富课余生活，体验运动过程中所带来的特有乐趣，还有助于培养学生爱国主义、集体主义、顽强拼搏、团结协作、遵守纪律等优良品质，潜移默化地促进大学生优良品质的养成。例如，篮球运动技战术的实践操作与实战运用过程，是在对抗变化着的特定时间、距离、场地、设施条件要求下，运用投、突、传、运等手段及同伴之间的团结协作来完成进攻，在这一过程中，体力、智力、生理、心理上都要承受各种复杂因素的积极影响。大量事实与科研表明，篮球运动对促进人体生理机能（特别是内脏器官与感受器官的功能、中枢神经系统的支配能力）、增进健康、综合提高身体素质和优良品质等都起到积极作用。可见，篮球运动在高校校园中有着积极作用与意义。

第二节　篮球运动损伤类型及原因

篮球运动在全国范围内普及，受到了不同阶层人群的喜爱。另外，近年来中国大学生篮球联赛（CUBA）迅猛发展，其影响力仅次于中国男子篮球职业联赛（CBA），更是影响全国高校体育教育专业学生对篮球运动的关注度与参与度。但是篮球运动有着很强的对抗性，尤其是在比赛过程中的对抗程度较高。比赛期间学生会频繁跳跃、拧转和推撞，使得学生受伤的机率呈上升的趋势，篮球的对抗性特点直接决定了篮球运动损伤率相对较高。

一、大学篮球运动损伤类型

通常情况下，大学篮球运动中的损伤类型可以分为以下五种。

（一）扭伤

扭伤是篮球运动中发病率最高的一种运动创伤，轻者关节囊、韧带撕裂，重者可致断裂。常因运动员猛然转身、动作幅度过大、技术动作僵硬或对方队员的冲撞等因素，致关节活动超出其生理范围而引起关节周围软组织损伤，如膝关节内侧韧带扭伤、急性腰扭伤、踝关节韧带扭伤等。调查研究显示，我国运动员关节囊、韧带扭伤占各种运动创伤发病率的首位。

（二）拉伤

拉伤是运动员在训练或比赛中准备活动不充分、技术动作不合理、肌群协调性差等自身原因导致的主要运动性创伤之一。当运动员突然发力，肌肉强烈收缩或被动牵拉，加载于肌肉（肌腱）上的牵拉应力或牵拉幅度超过其能承受的范围时最易发生，可造成肌肉、肌腱突然撕（断）裂，或肌腱附着处的撕脱的创伤，如常见的股二头肌拉伤、跟腱断裂等。

（三）挫伤

挫伤是篮球比赛中外部暴力导致的主要运动性创伤之一。随着比赛激烈程度的提高和对抗性的增强，双方队员频繁的身体接触和冲撞、接球时不正确的手指动作和来自对方队员的伤害性行为（如用膝、肘部顶撞），都会使挫伤发生率明显增高，如股四头肌挫伤就是在进攻队员持球交叉跨步突破时，其大腿前外侧部受到防守队员的膝部顶撞而最易发生的运动创伤。此类伤病可致肢体皮下脂肪、筋膜或肌肉、肌腱等软组织受到不同程度的损害。

（四）陈旧性损伤

篮球运动员的陈旧性损伤常由受伤后治疗不当或不及时、新伤未愈重复受伤、慢性劳损（创伤）等因素导致，临床上多表现为病程长、疗效差、常复发，如髌骨软骨病、腰肌劳损等。此类损伤在训练程度较高（年限长、水平高）的老运动员身上表现得较为突出，并对运动员的情绪和在比赛（训练）中的技术动作的发挥均有较大的影响。

（五）骨折和脱位

骨折和脱位类创伤常发生在篮球比赛和训练过程中，如运动员移动中突然蹬地跳起做抢篮板球或投篮等腾空动作后，在落地发生意外（踩在他人脚上或被踩所致的第五跖骨结节骨折）或落地自我保护动作不合理（失去平衡落地前臂后撑所致的肘关节脱位）等情况下，发生韧带断裂、肌肉拉伤。骨折的骨组织多为肢体受应力作用较集中的异形骨和短骨部位，如腕舟骨、掌骨、趾骨等。

二、大学生篮球运动中容易损伤的部位

在球类运动当中，篮球运动是较容易发生运动损伤的运动之一。其运动损伤率相对较高，高水平篮球运动员经常受伤的部位在膝关节和踝关节，这主要是由篮球运动技术特点决定的。运动损伤的部位与所从事的运动专项密不可分。

（一）体育教育专业学生篮球运动损伤部位

体育教育专业学生在篮球运动中并不是单纯的某一部位容易产生损伤，多数都存在两个以上部位的损伤，其损伤部位按总体排名，首先是指关节，这是由于篮球与人体手部接触比较频繁，接球动作要求双手十指放松、略弯，而普通高校体育教育专业学生在参加篮球运动或训练时并不注意接球动作，用错误动作接球，从而造成手指与篮球发生正面碰撞，造成指关节挫伤。其次是膝关节容易受伤，其中男生膝关节受伤人数较多，而女生则并不是太多，这主要是跟参加篮球运动的男生比女生多有关，加上篮球运动里经常有急起、急停、跳起和落地等动作，对膝关节的冲击比较大，因此膝关节更容易受伤。再次是腕关节较容易受伤，原因主要是很多篮球技术动作都是靠手腕控球得分决定的，比如投篮，由于篮球与手部接触比较多，造成手腕用力也就比较多，因此也就较容易发生损伤。然后是在篮球运动中踝关节容易受伤，这也是由篮球运动过程中需要做各种跑动、跳起、急停等技术动作决定的。最后是手部比较容易受伤，其中女生手部受伤人数相对较高，这是因为女生本身

力量就小，而篮球运动对抗性强，运动过程中容易与对方产生手部摩擦，较容易造成手部擦伤，但都比较容易恢复。除以上五个经常发生的损伤部位外，还有腰背、腿部、头部、肘关节、肩关节、脚部和胸腹等身体部位也会发生运动损伤。由于普通高校体育教育专业学生进行篮球运动和训练的量度和强度相对高水平篮球运动员来说还比较小，从事篮球运动的年限较短，因此这些身体部位受伤比例相对较低。

（二）体育教育专业学生篮球运动中常见的运动损伤类型

篮球运动损伤类型涵盖很多种类，主要分为擦伤、关节扭伤、肌肉拉伤、挫伤、骨折和脱位六种损伤类型。虽然体育教育专业学生在篮球运动中很少发生像骨折这样较严重的运动损伤，但像挫伤等软组织的损伤发生率还是较高。从事体育教育专业学生在进行篮球运动时发生运动损伤是不可避免的，这就要求教师要对学生传授相关恢复与预防的措施，使学生在掌握知识的同时能够提高自我保护的意识。

（三）体育教育专业学生在篮球运动中常见的运动损伤性质

根据损伤病理分类，运动损伤可以分为急性损伤、亚急性损伤和慢性损伤。根据运动损伤的轻重分类可以分为轻度损伤、中度损伤和重度损伤。总之，运动损伤的部位、类型和性质之间存在着不可分割的关系。运动损伤的部位和类型对运动损伤的性质起着决定性作用，这就要求教师要充分掌握运动训练的理论，并且注意在给学生上课和训练时对学生的大肌肉群和小肌肉群进行合理、科学的训练，从而避免体育教育专业学生发生不必要的运动损伤。

三、篮球运动损伤的原因分析

篮球运动日趋火爆，尤其是中国球员入选 NBA 以来，在姚明、易建联、巴特尔、孙悦等人的带领下，中国的篮球运动也进行得如火如荼，并且篮球运动比赛向着"更高、更快、更强"的方向发展，对运动员身体素质的要求也越来越高，从而使得篮球比赛也日渐激烈、愈见精彩。在激烈、精彩的比赛和对抗中，比赛双方为了争夺球权或者空间领域的控制权，需要不断地进行高速度进攻及攻守的转换，如此一来，篮球运动员不免就会发生这样或者那样的运动损伤，而在这些运动损伤中有一些损伤是可以预防或者完全可以避免的。

（一）客观因素导致的运动损伤

篮球运动是一项速度、力量、灵活性、协调性结合的运动，篮球运动的基本技术动作包括各种跑、跳、急停、转身，以及一些高难度的空中对抗等，在如今高强度的激烈的比赛中，篮球运动员的奔跑速度可以直接影响一个球队的胜负。因此，在运动员高速跑动的过程中，场地的因素也是造成运动员受伤的一个重要因素。例如，场地太滑或者运动员的篮球鞋的摩擦力太小，再加上对手防守压力，很容易导致运动员跌倒，造成不同程度的运动损伤，如脚踝扭伤、膝盖擦伤等，都会直接或间接地影响运动员在篮球训练或者比赛时的发挥。尤其是在激烈的对抗比赛中，由于场地或者鞋子的因素，运动员的突然加速、急停、转身会使运动员跌倒受伤，轻者是皮肉之苦，重者还会伤及骨骼，进而影响继续比赛。

（二）主观因素导致的运动损伤

1. 准备活动不足导致的运动损伤

准备活动对任何一名运动员来说是非常重要的。准备活动的目的是通过肢体的各种运动来进一步提高运动员中枢神经的兴奋性，提高机体各个器官的功能活动水平，使机体能够更快地进入工作状态，从而减少运动损伤的发生。如果运动员不做准备活动或者准备活动不充分就参加激烈的运动或者篮球比赛，常常就会造成一些如脚踝扭伤、肌肉拉伤、腰部损伤、肩关节拉伤等不同程度的运动损伤。所以，篮球运动员在没有充分做好准备活动的情况下进行剧烈的训练活动或者比赛极易造成运动损伤，这也从侧面告诉篮球运动员及广大的篮球爱好者，一定要在活动之前做好充分的准备活动，从而减轻或者避免一些不必要的身体伤害。

2. 基本技术不够完善导致的运动损伤

篮球运动除了需要具备最起码的身体素质，篮球本身的基本技术、基本功也必须扎实。对最基本的传接球来说，如果基本功不扎实，不了解基本技术，动作粗枝大叶，再加上比赛激烈，防守队员严密防守，运动员也会出现一些常见的运动损伤，最常见的如戳手指、漏接球伤到面部、抢篮板球落地不稳崴脚等运动损伤。这就告诉篮球运动员不要过于追求华美的动作而忘记了最基本的功底，其实基本功才是每一位篮球运动员必不可少、最重要的课程。

（三）人为因素导致的运动损伤

随着篮球比赛变得精彩，在比赛中的身体接触越来越多，身体之间的对抗也更加激烈、猛烈，双方篮球运动员采取的防守或者进攻的动作也逐渐加大，对力量对抗的要求也越来越大，篮球运动员受到运动损伤的概率也随之增大。所以，在如今的篮球比赛中，包括 NBA 和中国的一些篮球联赛中，经常可以见到一些肘击、非法用膝、推搡、拉拽等违反篮球运动规则的动作，都会给篮球运动员造成各种各样的运动损伤。不仅如此，这些恶意的犯规动作往往还会引发篮球场上的群殴事件。

（四）人为的恶意犯规导致的运动损伤

当今的篮球比赛向着"更高、更快、更强"的方向发展，所以每支球队都对篮球运动员身体素质的要求也越来越高，如中锋的身高越来越高、体重越来越重、力量越来越大，后卫及前锋的速度越来越快、突破越来越犀利。这势必会给对方的防守队员造成巨大的压力，当自己不能很好地完成防守任务时，势必会采取一些极端的防守方式，甚至是使出一些不正当的手段故意让对方受伤，有时会让其严重受伤，使其不能参加比赛，从而达到自己取得比赛胜利的结局。

（五）造成大学篮球运动损伤原因分析

造成运动损伤的原因是多方面的、复杂的。可以把运动损伤分为直接原因和间接原因两个方面。

1. 犯规或身体冲撞

篮球运动的比赛特征决定了学生在比赛中为得分会出现各种各样的犯规动作或身体冲撞。由于比赛处于激烈竞争当中，学生如果出现犯规或身体冲撞，身体各个部位和机能组织等都会容易随着惯性发生较严重的运动损伤，因此大学生在比赛中要注意尽量避免出现犯规动作或激烈的身体冲撞，提高自我保护的意识，以此减少运动损伤发生的次数。

2. 医务监督不足

普通高校作为高等教育场所，以施教为基础，有别于专门的运动训练学校，其对医务监督的重视还远远不够，这也就潜在地影响受伤学生伤病的及时治疗和恢复，因此普通高校应结合实际，为高等院校学生，尤其是体育教育专业学生创建良好的医务设施，使体育教育专业学生在医疗方面得到保障，从而使学生能够更好地投入运动训练，参加更多更高级别的比赛，为学校争光。

3. 带伤训练或比赛

大学生在进行篮球运动时受到损伤是不可避免的，但有时会由于特殊情况带伤训练或比赛，这就势必会成为体育教育专业学生在篮球运动中产生运动损伤的重要因素之一。学生带伤训练虽然能保持训练的系统性，但如果没有使伤病恢复，久而久之就会使伤病更加严重，这样长期循环下去就会过早地终止运动寿命，因此，带伤训练或比赛要被教师和学生高度重视，教师一定要合理安排学生的训练内容，在带伤期间要做些恢复性的训练，伤情严重者要用有效的恢复手段进行治疗，切忌进行一些高强度、高难度的训练，以免使伤情变得更加严重，迫使运动寿命提早结束，留下一辈子的遗憾。

4. 自我保护意识差

进行篮球运动时发生运动损伤与师生对运动损伤的预防、认识不足密切相关，尤其是与学生自我保护意识的缺乏有着紧密的联系。在篮球运动训练中，教师和学生都把发生运动损伤当作很正常的事情，从而使教师忽略了对学生加强自我保护的意识的培养，并且缺乏向学生传授有关运动损伤的预防措施。另外，由于篮球比赛竞争激烈，学生只顾比赛，无暇顾及比赛中容易造成运动损伤的条件，使学生降低了自我保护的意识，这也是多数学生在比赛中造成运动损伤的主要原因之一。

5. 身体素质差

身体素质包括一般身体素质和专项身体素质两个方面。虽然是体育教育专业，但也避免不了其中有身体素质差的学生，而这个现象也在体育教育专业中占很高比例，由于高校体育教育专业学生都不是经过长期训练选拔出来的学生，而是为考大学暂时学习体育的，学生的身体素质条件根本达不到篮球运动要求的身体素质，就连普通高校单招的运动训练的学生也是如此。篮球运动本身对学生的力量、速度、耐力、灵敏和柔韧等一般素质有更高的要求，只有把这些一般素质提高上去，才能发展较高的专项素质，如果一般素质达不到篮球运动的要求却进行专项素质训练，就会导致学生出现运动损伤，从而影响运动成绩。

6. 身体疲劳

篮球运动要求练习者有较高的精确度、较大的力量去进行对抗，有较久的耐力、集中的注意力和较高的警觉性去完成整场比赛，而体育教育专业学生在身体疲劳时参加篮球运动和训练，会使他的反应、注意力、力量、警觉性、精确度及身体机能等产生明显的下降，这样就不利于体育教育专业学生篮球技战术及身体素质的提高，并且还有可能造成学生在技术上产生错误，从而发生运动损伤，因此，教师应熟练掌握运动训练的规律和要求，根据运动训练的特点和规律对篮球运动每个阶段的运动量和强度进行合理安排，避免学生产生过度的疲劳，造成运动损伤而耽误正常训练。

7. 恢复时间、措施不当

在体育专业高校中，由于体育教育专业学生所从事的就是体育运动，一周基本上每天都要进行体育运动，这也就造成学生身上产生疲劳的次数增多，如果学生在一次体育锻炼中产生疲劳而没有及时得到恢复，或者恢复措施不当，将导致学生无法以良好的状态进入下一节体育训练课当中，这样也就影响到学生的身体素质的提高，以及技战术能力的提高，最终就会影响到体育教育专业学生运动成绩的提高。

8. 技术动作错误

对于长时间从事篮球运动的学生来说，偶尔出现的错误技术动作有时会给其带来伤害，长期坚持错误动作，就违反了人体结构与各器官系统功能活动的特点和规律，从而引起机体组织损伤。对于初次接触篮球运动的学生来说，错误的技术动作将成为造成其发生运动损伤的主要原因。例如：双手胸前接球技术练习中，接球技术动作掌握熟练规范的学生，比较容易接住各种来路的篮球，还不会受到损伤；而接球技术动作掌握不正确的学生，大多数会因为接球技术或手型问题，与迎面来的篮球发生碰撞，从而造成指关节挫伤。因此，学生要正确掌握所学的有关篮球技术知识，合理运用，避免出现运动损伤。

9. 准备活动缺乏

相对于普通院系的学生来说，虽然大多数体育教育专业学生都深知准备活动的重要性，但还是有在进行准备活动时偷懒的现象，以至于准备活动不充分，机体没有被唤醒，没有进入运动状态，这样也就会使学生在接下来进行的主要内容中更容易发生运动损伤，最常见的就是因为准备活动不充分而造成肌肉和韧带的力量和伸展性不够，从而引起肌肉拉伤和关节扭伤，较为严重的是韧带断裂。因此，教师和学生要高度重视在进行篮球运动时先进行充分的准备活动和肌肉伸展练习。

10. 训练负荷不合理

训练负荷合理与否对篮球运动员的运动成绩好坏有着非常大的影响，大的训练负荷也会使运动员产生疲劳，如果不注意恢复，产生的疲劳就会影响运动员的下一次训练，也有可能会产生运动损伤，对体育教育专业学生来说也是如此。运动训练学把人体机能在运动时分为了三个阶段，它们分别是开始阶段（也叫准备阶段）、基本阶段和结束阶段，这三个阶段的运动训练负荷是不同的，开始阶段负荷量和强度比较低，而到基本阶段训练负荷强度则属于中等或者中上等，结束阶段时则又下降到低强度，整个训练阶段是呈一个递增—递减的形式，这是因为机体在一次训练课上产生的疲劳需要得到一个缓冲和恢复，以便能继续进行下次的训练。因此，体育教育专业学生进行篮球运动的训练安排要符合这一变化规律，不能违背这一发展规律，否则会产生不必要的伤害。也就是说，不能在开始阶段和结束阶段安排高强度的训练，而在基本阶段安排低强度训练，这样不仅会让学生在篮球运动中产生运动损伤，还会影响篮球运动各方面技术技能的提高，从而影响运动成绩。

11. 场地器械及装备问题

由于篮球运动需要双方队员在场上不停地跑动，因此对篮球场馆器械及装备有着较严格的要求。场地表面必须保持干净、平整，不能出现凹凸不平或有杂物而导致学生在运动训练时造成伤害。另外，随着时间的增长，篮球场地资源一直被充分利用，这样也就使篮球场地耗损比较严重，快速减少了使用寿命，再加上普通高校对篮球场地欠缺管理、维护较少，更是会导致学生在篮球运动中产生各种挫伤、擦伤和扭伤等运动损伤。除此之外，篮球装备也不容忽视，特别是篮球鞋，对脚部起着关键的影响，因为学生在参加篮球运动时需要做很多急起、急停、跳起的动作，质量好的篮球运动鞋会在学生做篮球激烈技术时保护其脚部，特别是对学生的踝关节有很大的帮助。

12. 不良气候因素

不良气候因素作为体育教育专业学生在篮球运动中产生运动损伤的次要因素之一，主要是因为篮球场馆有室内和室外之分。气温过热或过冷，学生都可以在室内进行篮球运动和训练，这样也就避免了很多不必要的运动损伤的产生。但是，也不能忽视其对运动损伤产生的微小作用，教师和学生要把握气温的高低对自身产生的不良作用，从而对篮球运动和训练进行合理的调整，以取得最佳的运动训练效果。

第三节　篮球运动康复训练方法

体育教学是为了培养社会主义德智体美劳全面发展的综合型人才，在体育运动的过程中，不仅增强了学生的体质，还能促进学生的身心健康，但是在锻炼的过程中产生运动损伤又是不可避免的，如果普通高校及其教师对学生发生的运动损伤不够重视，加上学生自身防伤意识缺乏，造成运动损伤没有得到及时的治疗，轻者会影响其正常的学习、训练及健康，对学生提高运动专项技术与成绩带来阻碍，重者则可能会造成残疾，从而过早地结束运动生涯，甚至会危及生命，同时还会导致学生心理方面的不良影响。因此，运动损伤的预防对普通高校开展体育运动教学有着十分重要的意义，特别是对体育教育专业学生进行运动训练有着特别大的帮助，正确地预防运动损伤可以直接或间接地增强学生身体素质和心理素质。

一、篮球运动常见损伤康复训练 —— 踝关节

在篮球的教学训练中，最常见的损伤之一就是踝关节外侧韧带损伤。篮球运动员踝关节损伤占各种损伤的三分之一以上，成为影响篮球运动的主要因素。如果后期没有及时地进行治疗和康复训练，不仅恢复缓慢，还容易造成二次损伤。进行康复的目的是使运动员的竞技水平恢复到损伤前的状态，而康复计划的成功与否，直接决定了运动员以后运动能力水平的高低，因此踝关节损伤及康复必须引起人们足够的重视。

（一）踝关节解剖学原理

1. 踝关节的解剖学特点

踝关节的骨骼解剖由膝骨远端和外踝组成。胫骨远端的尖端是内踝，踝关节由胫、腓骨下的关节面和距骨上部的关节面（距骨滑车）组成，由于距骨滑车关节面前宽后窄，足部屈伸时，窄的一端无法填满关节窝，关节处于不稳定状态，加之内踝的韧带比外踝韧带坚固，如果此时起跳重心不稳，倾斜到一侧便会使脚的前外侧着地，造成足内翻，致使踝关节外侧韧带损伤。

2. 篮球运动员的踝关节活动特征

篮球运动技术复杂多变，高强度、快节奏及现场情况的瞬息万变，都对运动员的身体素质和运动技巧提出了很高的要求，在激烈的比赛对抗之中，队员经常会急停急起，不断改变运动方向，尤其是在抢篮板球时，队员腾空

后再落地，如果重心不稳、地面不平或者踩在别人的脚上，都会造成足前外侧着地，使足内翻造成损伤。

（二）踝关节损伤的不同类型及原因

1. 踝关节损伤的类型

85％的踝关节损伤者只是外侧韧带弱而造成扭伤，韧带撕裂者只占一小部分，因此应该按照不同的损伤类型和原因有针对性地对其进行康复与保健的训练。

（1）急性损伤：由于踝关节的构造，在篮球运动高强度的对抗中，常见的损伤有韧带拉伤、断裂及骨折，在改变动作方向较多的情况下，踝关节外侧韧带容易出现损伤，如起跳后落下踩在别人脚上造成内、外侧韧带撕裂等，就属于踝关节急性损伤。

（2）慢性损伤：慢性损伤也可以说是慢性劳损，多出现于长期进行体育训练的运动员身上，而踝关节损伤对运动训练及运动技术的发展有很大影响，尤其是篮球训练中的急停、进攻、防守过多，会使韧带和肌肉疲劳导致踝关节损伤。另外，急性踝关节损伤处理不及时或恢复不彻底也可演变成慢性损伤，应引起重视。

2. 踝关节损伤的原因

篮球运动员一般在青少年时期开始进行培养，由于年纪原因，其骨骼的发育还不完全，尽管关节的柔韧性好，但是稳定性相对要差一些，因此容易在比赛训练中对骨骼造成损伤，影响日后的锻炼效果。这个阶段的篮球运动员在心理发育上也不完全成熟，训练过程中容易走神、自控性差，一旦出现了疲劳，便会因偷懒而导致动作变形，肌肉力量下降，这也是引起踝关节损伤的一个重要因素。

导致踝关节损伤的一个原因也是外部因素，那就是在训练过程中教练的方法不正确，缺乏科学性，运动员受伤后没有引起足够的重视，康复不彻底，造成踝关节松动并容易出现重复损伤。篮球运动员在训练安排上的不合理也会造成日后的运动损伤，如在训练前没有充分热身、准备活动做得不够，导致肌肉和韧带在没有放松的情况下进行训练量过大、密度集中的练习，就可能会引起踝关节损伤。

3. 踝关节损伤的症状

损伤后踝关节内、外侧有明显的压痛，有时也能听到响声，体表受伤处有明显肿胀及皮下痕斑，此时踝关节活动受限，不能发力支撑身体。

（三）踝关节伤后治疗与康复

发现损伤后应先确定患者踝关节韧带是否断裂，如只是一般的损伤应止血后立即给予冷敷，用以止血防肿，还可以外敷中药加以包扎，适当抬高患处，有条件者还可以定期进行按摩，适度揉压，以局部酸麻为宜，受伤三天后可以增加按摩次数以达到理想效果。

1. 初期康复训练

初期的康复主要是为了运动员尽快地恢复踝关节的活动，可通过手法治疗和运动治疗两种治疗方法，损伤之后不能对其置之不理，要对部分肌肉进行舒展和锻炼，要不然肌肉和组织就会变得僵硬，不利于身体健康和身体恢复。手法治疗一般就是按摩、揉捏，通过对受伤部位的按摩来舒展受伤部位肌肉，使其放松，增加血液循环，提高肌肉的弹性，以免在受伤期间受伤肌肉僵硬，不利于恢复和发展。运动治疗是指运动员在治疗时，通过简单的运动来促进身体恢复，切忌进行强烈的活动，那样会加重组织肌肉或关节的损害程度。在运动治疗中，受伤的运动员可以借助简单的物品来进行运动，比如借助一条毛巾进行辅助练习，来拉伸关节韧带，从而增强关节的背屈能力，活动相关部位更有助于损伤部位的康复。除了手法治疗和运动治疗，还有冷冻疗法和电疗法，可以控制伤处的疼痛，消除受伤部位的肿胀。

2. 后期康复阶段

在康复后期，伤员要在力量练习上应有所侧重，一般在后期的康复阶段，伤员都可以承受身体重量负荷，此时康复治疗的重点就要放在恢复肌肉力量的耐力和神经肌肉的协调能力上来。这时候可以通过一些稍微复杂的动作来锻炼，比如以跳跃、负重等运动形式来锻炼踝关节，从而加强踝关节处的肌肉力量。踝关节受过伤，所以在康复阶段的运动治疗要从轻到重，锻炼的次数也要由少到多，根据具体恢复情况来制订合理的康复计划，切不可急于求成，反而会加重伤势。

二、篮球运动常见损伤康复训练 —— 膝关节

由于篮球运动的一些基本动作都要求膝关节处于半屈曲位（130°～150°）屈伸、扭转与发力，而这个角度正是膝关节的生理解剖的弱点，所以极易造成损伤。

（一）膝关节的解剖学特点

膝关节是人体内最大、最复杂的一个关节，由股骨（上）、胫骨（下）、髌骨（前）三骨共同包围在关节囊内组成。股骨、胫骨组成椭圆形关节，股骨、髌骨组成滑车形关节，所以膝关节是一个比较复杂的椭圆滑车形关节。它绕额状轴可做屈、伸运动，绕垂直轴可做旋内、旋外运动。参与膝关节屈、伸和旋内、旋外的主要肌肉群如下。屈：股二头肌、半膜肌、半腱肌、缝匠肌、股薄肌和腓肠肌。伸：股四头肌。旋内：半膜肌、半腱肌、股薄肌、缝匠肌及腓肠肌内侧头。旋外：股二头肌及腓肠肌外侧头。膝关节周围的肌肉和肌腱、内外侧副韧带、前后十字交叉韧带、内外侧半月板及髌骨共同维持着其稳定性，各结构在膝关节中有不同的功能，从而更好地维持着膝关节的稳定性。半月板的功能是使股骨和胫骨踝关节面相吻合，传递负荷，吸收震荡，保护相连骨关节面，增强润滑，减少摩擦，维持关节的稳定及调节关节的内压；内外侧副韧带位于关节两侧，其功能是从两侧固定膝关节和防止关节过度伸直；膝关节囊内的两条十字韧带，主要功能是限制胫骨过度前移或后移，膝关节处于半屈曲位突然地旋转及内收、外展是其损伤的重要机制；脂肪垫能促进膝关节滑液的分泌，减少运动中膝关节震动的作用；髌骨对膝关节有一定的保护作用并有增加伸膝关节肌肉力矩的作用；但是，由于膝关节是人体最表浅的关节之一，极易受外力的作用而引起损伤，膝关节又缺乏髌骨、踝关节固有的内在稳定性，需要肌肉韧带来加固，因此膝关节解剖结构是其

损伤的内在原因。

（二）膝关节的运动学和力学特点

膝关节的主要运动是屈伸运动，膝关节屈曲的范围依踝关节的位置而异，同时要看是被动还是主动。在髋屈位下膝关节主动屈曲可达到 140°，在髋伸位时只能屈 120°，原因为小腿后群肌在腱伸展时丧失了一部分效率。被动屈曲可达到 160°，可致足跟和臀部接触。只有在膝关节屈曲下，小腿才可沿纵轴做旋转运动。将膝关节中立位定为膝关节伸直，即膝关节屈曲范围为 0° ～ 135°（160°），过伸为 0° ～ 5°（10°），旋转屈膝时内旋约为 10°，外旋为 20°，膝关节传递载荷，参与运动，为小腿活动提供力偶。膝关节是两个相互独立和相互抵消的统一，要求膝关节在承受体重和有关长杠杆力的作用情况下，在全伸展时有较大的稳定性，要求在一定程度的屈曲下具有较大的灵活性。

（三）膝关节常见损伤机制分析

对损伤机制的探讨是预防运动损伤的重要组成部分。以下是对膝关节常见损伤的种类，如半月板，髌骨劳损，内、外侧副韧带，膝关节交叉韧带，滑囊炎的损伤机制的分析。

半月板的主要功能是维持膝关节的灵活性和稳定性并使其二者相统一，保证膝关节的正常生理功能（缓冲防震、填充间隙、稳定关节、调节内压、分布滑液）。当膝关节于半屈位（膝屈为 130° ～ 150°，是膝关节最佳发力角度）时，小腿固定在外展、外旋位，大腿突然内收、内旋并伸膝，可引起内侧半月板损伤，相反则会引起外侧半月板损伤。两块半月板滑动不协调就会使半月板受到急剧的摩擦、捻转和撕裂。在篮球运动中，很多动作都是屈膝状态下进行的，如切入上篮落地时身体急剧改变方向、滑步、突然的启动等动作会引起大、小腿位置错移挤压半月板，造成半月板损伤。另外，如果运动员启动动作不合理、落地动作不好或摔倒、膝部受到冲撞、技术动作不熟练和不协调，都会引起半月板损伤。

髌骨劳损是髌骨软骨软化症和髌骨张腱末端病的统称。在篮球运动中，膝关节屈曲时，内、外侧韧带松弛，膝关节的稳定性主要靠髌骨和股四头肌来维持，髌骨的张腱膜和髌韧带受的牵拉力和髌骨与股骨相应关节面所受的挤压力更大。同时，膝关节反复屈伸扭转，致使髌骨和股骨相应关节面异常摩擦、捻转。运动员做跳跃时，特别在起跳的瞬间，髌骨周缘腱止点末端区域承受的拉力很大，长期反复此类运动，过度牵拉该区域，即可引起损伤。篮球运动中的滑步、防守、急停跳投、跳起投篮、跳起抢篮板球等动作，如果运动量处理不当，在一次或一段时间内膝关节的负荷过重，都可能发生这种损伤。因此，篮球运动员中髌骨劳损的发生率比较高。

内、外侧副韧带的主要功能是从两侧固定膝关节和防止关节过度伸直。在膝关节伸直时这两侧韧带被拉紧，小腿不能做内旋、外旋的动作。屈膝时，松弛的两侧韧带可以让小腿做小幅度的外旋动作。在篮球运动中，当膝关节处于屈曲时，小腿突然的内收内旋，或大腿突然外展外旋可能发生外侧副韧带损伤。当膝关节屈曲时，小腿突然外旋，或小腿固定大腿突然内收内旋，都可以使内侧副韧带发生损伤。篮球运动中常见的持球突破、突然变向运球、急停跳起投篮或跳起拼抢篮板球等动作，都是膝关节在半屈曲位、小腿处于内旋或外旋状态完成的，此时膝关节受力最大且容易受到冲撞，所以极易造成此类损伤。

膝关节交叉韧带损伤是常见的膝部创伤。膝关节囊内有两条十字交叉韧带，其主要功能是限制胫骨过度前移或后移，当膝关节处于半屈曲位时，运动员突然完成旋转及内收、外展是造成十字交叉韧带损伤的重要机制。篮球运动中，以前交叉韧带损伤较多见。究其原因无外乎外力和运动员跳起着地后转变方向和跑动中急停等急剧活动。损伤的形式主要有韧带拉伤、韧带部分断裂、韧带完全断裂、累及其他结构有联合损伤。

膝关节内滑囊的主要功能是减少摩擦和增加软组织的活动性。滑囊炎是由膝部髌前、下的皮下囊受到反复的机械性磨损，或受到外力撞击而引起的伴有局限性红肿、痛热、活动受限等现象的损伤性炎症。在篮球运动中，一些基本姿势都要求膝关节处于屈膝状态，这是篮球运动员产生髌前、下滑囊炎的主要原因。

脂肪垫充填于膝关节面的多余空隙，其功能是防止摩擦、衬垫和润滑。当垫中脂肪沉积过多或股四头肌力量减弱时，脂肪垫不能充分牵拉，而被夹挤在两关节面之间造成损伤。篮球运动员对下肢力量的加强重视程度不够，造成股四头肌的力量不足，也是导致脂肪垫损伤的关键所在。

（四）预防高校高水平篮球运动员膝关节损伤的对策

1. 准备活动要合理

每次训练和比赛前都要做准备活动，这是一般常识。准备活动是体育活动中有意识、有目的的各种身体练习，是人体由安静状态向兴奋状态的逐渐过渡。其目的就是进一步提高中枢神经兴奋性，增强各器官系统的功能活动。

在篮球运动中，运动员准备活动不合理包括以下五个方面。

（1）没有做准备活动或准备活动不充分。

（2）准备活动的量过大，导致在接下来的训练或比赛中身体过早疲劳。

（3）准备活动与正式训练或比赛的时间间隔过久。

（4）一般准备活动和专项准备活动没有合理安排。

（5）准备活动做得过猛过急，违背了训练学中的循序渐进原则。

因此，只有尽量避免在体育运动中出现此类问题，才能够更好地把准备活动利用得恰到好处。篮球运动中，合理的准备活动要求在内容、强度、时间上都要适当。内容上要求专项准备活动和一般准备活动要合理衔接，使准备活动的最后部分和运动内容相似，如专项准备活动应和运球、投篮、跑三步篮等结合。强度上要求适中，要以身体感到发热、微微出汗为宜，全套的准备活动的负荷要根据自身特点、气候等情况而定。时间控制上，准备活动时间一般要 15～20 分钟，结束时应距正式运动 1～4 分钟为宜。如遇到天气寒冷和身体状况不好的情况下，更应该充分做好准备活动，让身体的中枢神经系统和内脏功能得到充分的调动，这样能够减少运动损伤的出现。

2. 合理安排运动负荷

运动负荷的合理安排是教练员和训练计划中必须切实注意的问题。运动实践表明，运动负荷如果安排不合理，不仅不能有效地提高运动员的竞技能力和运动成绩，而且还会造成运动损伤，可见教练员在训练中充当着重要的角色。应按照循序渐进的原则，科学规划运动负荷和强度，并将其控制在合适的范围内，使其有利于提高运动员身体机能和竞技能力。另外，通过对各大高校篮球教练员和运动员的调查发现，教练员对运动员疲劳的判断基本上是通过自己的目测和队员的自述，没有采用更为科学的方法和手段。因此，教练员在篮球训练中应充分利用运动医学、心理学、生理学等多学科知识和手段，准确诊断运动员的疲劳程度，这样就能够更好地安排运动强度和运动负荷。另外，教练员和运动员要注重恢复问题，可以采取营养学、心理学等手段来使机体因训练负荷不合理受到的损伤及时恢复。所以，教练员在训练中，应科学、合理地安排运动员的运动负荷，避免运动损伤的发生。

3. 重视运动后的营养和恢复

篮球运动是一项体能消耗很大的运动，因此必须吃高碳水化合物促进恢复，补充消耗掉的能量。运动员在大强度训练和比赛以后，身体的负荷是非常重的，所以应该在训练和比赛后补充水分，补充蛋白质，建立糖原储备，为接下来的训练和比赛做准备。对于高水平篮球运动员来说，要想提高运动成绩，就必须保持"运动、营养、休息"三者之间的动态平衡。运动员需要在适应高强度的运动训练、提高运动能力的同时，科学、合理地摄取营养。运动员的营养构成体现在主食和副食上，主食如米饭和馒头是主要的能量来源，副食中的鱼、肉、蛋、油脂是体能构成的主要成分，蔬菜、水果（含维生素、无机盐）主要是调节身体的功能。在篮球训练或比赛中，之所以要进行恢复训练，是因为经过激烈运动后，机体的能量消耗较大，容易产生疲劳，导致机能下降。根据恢复与超量恢复原理，运动结束后，机体内的能量必须得到恢复与超量恢复，才能使机体的功能水平提高，为创造优异成绩提供物质条件。篮球运动员可以通过保证睡眠、补充碳水化合物和矿物质、按摩、热敷等方法进行运动后恢复。

4. 加强技术动作的正确性、规范性、熟练性

运动技术是指符合人体运动科学原理，能充分发挥身体潜能并能有效地完成动作的合理方法。运动技术是形成战术、运用战术的基础。高水平篮球

运动员在篮球运动中加强技术动作的规范性、正确性、熟练性，可以使战术在竞赛中得到很好的发挥，从而提高运动成绩。但是技术动作的学习是一个循序渐进的过程，只有建立一定的稳固的动力定型，由不熟练到熟练，才能达到自动化的一个过程。良好的技术动作是预防运动损伤的重要方面。在学习动作的初级阶段，刚刚接触新动作，不可避免地会出现一些这样那样的错误动作，所以应加强对技术动作的教学训练，打好扎实的基本功，把每个动作都做到标准、规范、熟练，尽量避免因为动作不熟练而出现一些本来可以避免的损伤。篮球运动是一个技、战术复杂的组合体，技术只有在动作正确、规范、熟练的基础上，才能更好地和战术结合，从而减少损伤的发生，获取更加优异的成绩。

5. 增加膝关节力量和柔韧性训练

在篮球运动中各种动作的准备姿势几乎都是从屈膝开始的。此时膝关节的稳定作用就完全依赖于股四头肌、髌骨和髌前韧带来维持，这就导致膝关节承受着很大的压力，并且由于制动性支撑反作用力的关系，势必会导致膝关节的负担增加。如果膝关节周围肌肉力量不足，就很难承受来自长期屈膝动作的巨大压力。另外，篮球的专项技术动作对膝关节的柔韧性要求也较高，柔韧性是动作规范、运用技术合理的一个基本条件。柔韧性好的运动员，膝关节内旋、外展的角度相对就大些，而柔韧性较差的，膝关节内旋、外旋的角度就小，易引起损伤，并且柔韧性会随着年龄的增长逐渐下降，所以为了保持良好柔韧性要定期进行专项训练。因此，在全面发展身体素质时尤其要加强下肢力量及关节柔韧性的训练，重视膝关节伸屈肌力的平衡训练，在以动力性训练为主的基础上，辅以必要的静力性训练，以强化关节的稳定性，防止膝关节劳损。

6. 培养自我保护意识

篮球运动是一项竞争激烈、攻守转换快、移动快速的集体项目，如果运动员在运动中没有自我保护意识，就可能在有限的空间内发生冲撞、受伤等。篮球运动中可以通过佩戴护具等措施达到自我保护。对膝关节而言，使用限制膝关节伸展的护具可以降低着地时膝关节的屈曲角度，有助于预防运动中的前交叉韧带损伤；起保护作用的护具可以限制胫骨受到水平方向的力，从而预防前十字韧带断裂。由此可见，运动中护具的使用可以避免运动损伤的发生。在篮球训练中，提高运动员的自我保护能力和意识，可以通过增加自我保护技术动作的训练来达到减少损伤发生的目的，内容包括练习躲避各种对方带有攻击性和危险性的犯规动作；练习在身体失去平衡时的保护动作，可以借鉴体操中的团身前滚翻、后滚翻，因为在倒地时正确的滚翻动作能够很好地缓冲接触地面时的冲量，达到预防损伤的目的。

7. 加强学习膝关节损伤后急救与处理方法

"以预防为主，积极治疗为辅"是对待一切运动损伤的原则，膝关节也不例外。所以，当运动员膝关节发生损伤后就要进行及时的处理与积极的治疗，在遵循运动伤害第一现场的处理原则（RICE）的基础上，选择合适的处理方法。膝关节损伤虽然有多种情况，但是在急性期以制动休息、局部冷敷、消炎药抗炎镇痛及中医中药内服外敷等为主，同时通过理学检查和辅助检查手段尽早明确损伤程度，采取有效的治疗手段和康复措施。如果不能及时地采取急救处理措施，导致损伤拖延至慢性期，则可能影响运动员以后的训练、比赛，严重的甚至会过早地结束其运动生涯。所以，在篮球运动中，要加强膝关节损伤后的急救与处理方法的学习。

第六章　乒乓球运动训练康复

第一节　乒乓球运动概述

随着人类社会的进步和文明程度的提高，大多数的体育运动项目已经从原始的游戏发展、演变为融激烈与精彩、智慧与激情为一体的现代化体育运动。乒乓球运动也不例外，它从 1904 年传入我国，已经由原来的"弱不禁风"发展到现在的乒坛霸主，在这一个多世纪的征程中，我国的乒乓球运动即便有过短暂的挫折，但从不在低谷中长久徘徊，乒乓健儿用一次次的胜利向世界证明自己的坚强，用自己的奋力拼搏为祖国争光，用自己的言行举止向世人传播乒乓球的博大精深。翻开乒乓球运动的历史，展望未来社会的发展方向，可以看到乒乓球运动的精神不仅体现在体育与游戏的范畴，更多体现的是教育的内涵。乒乓球运动孕育着人与生产工具、个体与社会的和谐发展，蕴含着培养人、教育人的重要教育价值，赋予人类社会极大的精神财富，推动着人类文明的不断提升。在我国，乒乓球运动早已经成为一种影响巨大的教育文化活动，具有显著的教育价值。

一、乒乓球运动发展的延伸

翻开乒乓球运动的发展历史，回首乒乓球长盛不衰的六十多年，看到的不仅是冠军的笑容，更多的是乒坛精英流下的汗水；领悟到的不仅是乒乓球独有的魅力，更多的是运动员顽强拼搏、为国争光、公平竞争、不服输的体育精神。从 1959 年容国团在第 25 届世界乒乓球锦标赛上为祖国赢得了第一枚金牌开始，我国的乒乓球运动备受国民的青睐，也成为我国在体坛上争金夺银的支柱项目。此外，在乒乓球运动走过风风雨雨的六十多年间，培养了许多优秀的运动员，他们在运动生涯之后成了体坛的领军人物，指引着我国乒乓球运动健康、蓬勃地发展。在中国体育界担任过领导职务的人士中，乒乓球国手出身的就有四位：庄则栋、徐寅生、李富荣和蔡振华。他们先后担任过国家体育运动委员会主任、副主任和国家体育总局局长、副局长的职务。他们是中国体坛的特殊财富，中国国球辉煌成绩的背后，离不开这些曾经的明星运动员。他们对乒乓球的执着追求和对体育事业的满腔热情，激励着很多扬名海外的运动员和教练员，用他们一颗颗高尚的爱国之心，为乒乓球事业无私地奉献着。同时，他们不断超越、不断创新的坚定信念也为乒乓球筑起了坚不可摧的城墙。

二、乒乓球运动的特点

"结构、特点决定其功能"是自然辩证法中一个重要的原理。乒乓球运动之所以具有极大的教育价值，与它本身的特点是密切相关的。

（一）乒乓球运动参与主体的广泛性

乒乓球运动的参与主体指的是参加乒乓球运动的个体、群体或社会。广义的参与主体指的是全人类，狭义的参与主体指的是个人。按参与主体的年龄层次来分，可以简单分为少儿、青年、成年、中年、老年；按参与主体的身体状况来分，可以分为健全人和残疾人；按参与主体掌握技术的能力来分，可以分为专业运动员和业余人士。总之，乒乓球运动的参与主体极其广泛，男女老少皆宜，任何人都可以参与其中。

（二）乒乓球运动场所的开阔性

乒乓球运动更加符合因我国经济发展不平衡而提出的"因地制宜开展体育运动"的要求。乒乓球球拍的价钱有高有低、重量有轻有重；运动的场所占地面积有大有小，只要有一个（2.740×1.525）m^2 的地方就可以进行运动；乒乓球运动对其客观设备的要求也各有不同，桌面可以是水泥做的，也可以是木材做的；条件好的可用高级球台打，条件差的用几张桌子拼起来也能打；桌上只要有一个 152.5 cm 宽的球网、15.25 cm 高的网柱就可以打球。当然，经济落后的地方，如果水泥台上没有此类网柱装置的话，也可以用砖头在半台处排成一排当球网装置。

乒乓球运动对其天气条件要求也可以因时而异。天气好在室外可以打，遇上雨雪天气，在一间不大的房间里也可以打。由此可以看出，乒乓球运动的场所非常广阔，可以是学校，可以是家里，可以在室外，也可以在室内。

（三）乒乓球运动行为的文明性

相对于足球、篮球等运动而言，乒乓球运动没有直接的身体对抗；相对于武术、跆拳道、柔道等项目，它的运动损伤几乎不存在。此外，乒乓球运动的运动量可大可小，参与者可以充分发挥主观能动性。单打时，运动强度可以自行调节。体力不支时可以采用防守或控制对待来球，精力充沛时可以采用主动进攻的击球技术回击来球。双打过程中，运动量虽然不像单打那样可以自由调节，但比赛当中，两人的技术一般是互补互利的。

乒乓球运动参与者的个性张扬而收敛。在乒乓球运动中，当选择进攻时，就必须力挽狂澜，充分发挥自己的特色技术，张扬自己的个性；而当选择防守时，就要控制好来球，时刻盯紧来球，此时表现出来的个性就显得非常收敛。由于场地和本身的属性所限，乒乓球不会像羽毛球、网球等球类项目和健美操、街舞那样张扬，但相较射击等静力性项目而言，乒乓球又没有那么保守，所以非常有利于教育价值的实现。

乒乓球比赛不仅是技术、体力和意志的体现，而且还包含智慧的因素。因此，人们把乒乓球运动看作体育运动中为数不多的"高科技"和"文明体育"，也为其教育价值的实现提供一片净土。

（四）乒乓球运动技术的多样性

乒乓球运动的握拍和球拍多种多样，有直握、横握、多维拍；胶皮有正胶、反胶、长胶、生胶等；乒乓球运动有多种多样的技术，其主要技术大约有 8 大类 81 项，而且旋转变化的种类也比较多，典型的旋转就有 26 种（基本旋转 6 种，混合旋转 20 种）；技术风格有快、狠、稳、变、转之分；乒乓球运动的打法可远可近，有近台快攻、中台攻防结合、远台削反攻等。在进行乒乓球运动时，每个运动者可以根据自己的身体素质和领悟技术的能力去选择自己喜欢的技术与打法。

（五）乒乓球运动目的的选择性

乒乓球运动目的大致可以分为竞技的和大众的。竞技乒乓球是为了战胜对手，取得优异运动成绩，最大限度地发挥和提高个人、集体在体格、体能、心理及运动能力等方面的潜力所进行的科学、系统的训练和竞赛，目的是战胜对手，为国争光。大众进行乒乓球运动的目的大致可以分为健身、娱乐、交往三种。健身是大多数参与乒乓球运动主体的初级目的和终极目的。娱乐是指以娱悦身心为目的进行乒乓球运动，具有业余性、消遣性、文娱性等特点，它与个人或社会经济、文化教育层次等有关。按娱乐的组织方式可分为个人的、家庭的和集体的；按娱乐活动的方式可分为观赏性活动和运动性活动。开展娱乐性乒乓球运动，有益于身心健康，陶冶情操，培养高尚品格。交往可以直接增进参加乒乓球运动的教育主体之间的情感交流，间接地促进主体之间相互信任和相互尊重，提高主体的道德素质。

（六）乒乓球运动功能的两元性

乒乓球运动的功能指乒乓球运动的功效和职能，包括个体发展功能与社会发展功能。乒乓球运动的首要功能是促进个体发展，最直接功能是促进身体健康，最深远功能是影响社会政治、经济、文化的发展。概括来说，乒乓球运动主要包括对人的发展和社会发展的两元功能。

乒乓球运动的特点，决定了它可以成为不同年龄、不同性别、不同身体条件的人均可参加并且都乐于接受的，集竞赛和趣味于一体，融智慧与激情为一体的"文明体育"项目。

三、乒乓球运动的教育价值

任何教育活动都是为了满足人的某种需要，因而总是具有某种价值指向。教育之所以是一种有价值性的活动，关键就在于教育是一种主体性的活动。

乒乓球运动既然是一种主体性的活动，它就具有一定的教育价值取向。它反映的是教育活动过程及其结果对教育活动主体的需要的适合或满足程度。对教育活动有某种需要和期望的现实的人，都会把自己的需要与期望赋予教育活动，力图按照他们的愿望和目的去规范、建构教育活动，从而实现某种教育价值目标。从一定程度上说，没有任何一种教育活动不包含教育活动主体对教育价值的追求，这本身也是教育活动得以发生和发展的主要前提。由于乒乓球运动教育活动主体的社会地位、价值观念、思维方式、行为习惯不同，他们对教育活动也就会有各自的期望和需求，因而乒乓球运动的教育价值必然具有多元性。

（一）乒乓球运动的育德价值

1. 乒乓球运动教育价值的核心 —— 道德价值

道德价值内容主要包括诚实守信、守义务、负责任、善良公正、尊重他人等。主体的责任心、自律性与自由意志是道德价值形成的三个阶段，自由意志是道德价值形成的标志。在我国社会主义现代化建设中，乒乓球运动具有广泛的群众基础，其参与主体不受年龄、性别、社会地位等客观条件的限制，从而为男女老少提供了彼此沟通与交往的机会，也为主体责任心的培养提供了发展的平台。在乒乓球运动的过程中，主体借助乒乓球与球拍实现健身的目的和超越自己的愿望，因此在练习或训练中，每个人都有接好每板球的责任，这样才能增加回合次数，达到提高技术水平和健身的目的。在比赛过程中，参与主体不仅是比赛的主体，还是比赛的客体，他们的每一板球不仅要对观众负责，还要对自己负责，参赛者要把自己优秀的一面表现在众人面前，长此以往，不论是观众还是参赛者，对乒乓球运动中好与坏、是与非等道德问题都会有了充分的认识。自律性是一个在符合社会发展要求的过程中不断反抗社会不良行为的渐进过程，它始终和社会保持着最低限度的和谐，在此基础上，自律性从反抗过程中获得动力并提高了自身。在乒乓球运动中，参与主体在规则的约束下，不断提高自己的技术水平，不断完善自己的人格魅力，尤其是我国乒乓球人才济济，乒外人士对参与者的技术要求和素质要求颇高，参与主体的自律性显得格外重要。当主体把自律性内化为实现自身价值的动力时，在自己的行为规范中就会充分地体现出诚实、尊重他人、公正等一些与社会进步所需一致的道德价值内容，自由意志的形成就会水到渠成。由此可以看出，主体道德价值形成的三个阶段是环环相扣、密不可分的。乒乓球运动行为的文明性，也为主体道德价值的形成提供了有利条件。

从更高层次的道德价值来看，道德价值主要包括社会道德价值和个体道德价值，前者为社会的多数人所接受，后者仅为某特定的个体所认可。个体的道德价值与社会的道德价值相一致，是道德教育的重要目的之一。据不完全统计，在我国的众多体育项目中，参与乒乓球运动的人数是最多的，具有强大的号召力与影响力。2008 年"5·12"汶川大地震后，我国的乒乓器材经营者无偿向灾区捐赠器材，大多数的乒乓人士在救灾活动中无偿对灾区人民传授乒乓球技术，从而丰富了灾区人民的生活，更重要的是灾区人民从乒乓球运动中体验到了顽强拼搏的快乐，感受到了乒乓球巨大的精神魅力，同时也坚定了他们重建美好家园的信念。2009 年，中超乒乓球俱乐部推出的一系列爱心活动，都在实践着乒乓球运动的育德价值。近几年，由于非洲乒乓球运动发展不尽如人意，出于人道主义，我国曾多次派出海外乒团到非洲的许多地区传授技战术，支援他们更好地发展乒乓球运动。在现阶段社会道德价值成为和谐、公正、安定团结、诚信友爱的综合体时，我国的乒乓球运动之所以能教育人们形成与社会一致的道德价值观念，不仅是因为乒乓球运动是文明的体育运动行为，更重要的是因为乒乓球有广泛的参与主体，为社会道德价值的形成提供了重要的质和量的保证。

2. 乒乓球运动是道德价值实现的重要载体

道德价值的实现是道德价值由无形的"潜在价值"向有形的"现实价值"转变的运动过程。在这个过程中，作为道德价值构成元素的道德原则、道德规范、道德意识、道德品质、道德现象等只有在被道德主体接受并内化为各自稳定的心理结构、外化为一种现实的心理能量、形成个体意识和行为习惯时，才能增强个体道德意识。这样，道德价值才能由无形到有形，由可能到现实，从而使社会和个人都得到进步和发展。

道德价值是反映人们精神生活中高层次的需求。正确的道德价值观对人们的行为、习惯起着积极作用，不仅表现在规范性、激励性和引导性意义上，而且表现在思想观念、道德行为中。道德价值的实现既是自我肯定、自我发展和自我完善的必要条件，又是促进社会和谐发展的道德保障。人和动物之所以不同，最根本的原因就在于人有改造世界和超越自我的主观能动性。正是有了这种主观能动性，才驱使着人类去追求高尚的道德，从而对道德产生了需要。当一个人自觉地意识到道德对人们的行为习惯有极大的引导作用时，他们就会不断地通过认识道德，接受社会所提倡的进步道德观念，并在自身的生活实践中把它们内化为自身的内心要求、信念、理想，来规范自己的行为习惯。很多道德实践的事实证明，当人们接受了正确的道德观念或道德价值原则时，它将会激励人们不断追求自身的完善，提高自身的道德素质，为净化社会风气、促进和谐社会的发展做出自己的努力和应有的贡献。在我国，乒乓球运动作为主体道德价值形成的重要载体之一，所表现的公平正义、相互尊重、诚信友爱的主体道德价值与正确的社会道德价值是一脉相承的。

在国际乒乓球比赛中，经常可以看到许多乒乓球运动员在比赛中打了擦边球或擦网球，会马上举手向对方表示歉意；每场比赛结束后，无论输赢，参赛者都会向裁判点头致意并且都会主动伸手向对手示意问好；在走向领奖台前也都会先跟前面已经领奖的队员握手并表示祝贺，然后才登上领奖台。最关键的是在比赛中，如果对方打了擦边球或很难判断的球时，无论裁判看到与否，都会主动指出，如果裁判错判的话，经常有运动员主动把自己的记分牌减一分，给对方加一分，或者主动发球，或者接发球下网送对手一分，这些情况在国际比赛中都屡见不鲜了。

3. 主体的广泛性为社会道德观的形成提供了可能

社会道德观与每个人的道德观是密切联系在一起的。乒乓球运动因为其参与者不受年龄、性别、社会地位等客观条件的限制，其主体的广泛性更加有利于促进男女老少之间的沟通与交往。"人之初，性本善"，在交往过程中，每个人都想把自己善良的、好的一面表现在众人面前，长此以往，每个人衡量事物好坏的标准就会日益完善，同时他们自身的修养也会不断提高，个体良好的道德观就会形成，这就为社会良好道德观的形成提供了可能。

（二）乒乓球运动的育体价值

1. 改善心血管系统

乒乓球运动的参与者要在较小的范围内做快速往返移动，还要配合上肢做各种技术动作，因而参与者要有较好的身体承受力。一场激烈的比赛中，如果比赛双方技术水平高，且实力相当，其运动强度与运动量不亚于参加短跑运动的运动员所承受的生理负荷。根据乒乓球运动员在训练或比赛中承受的负荷量不同，有关专家测得参与乒乓球运动者的平均心率在160次/分左右，最大心率可达190次/分，而且运动者在运动中的心率变化比较明显，体现了乒乓球运动的间歇性特点。从这个意义上讲，经常从事乒乓球运动对改善现代人多发的心脑血管疾病是一个很好的锻炼手段。

2. 发展人的灵敏素质和身体协调能力

乒乓球运动具有球体小、球速快、旋转变化多、技巧性强的特点。在乒乓球比赛中，乒乓球的飞行速度可达 20 m/s，这就要求运动员不仅能迅速、准确地判断对方来球的速度、旋转、落点及战术意图，而且在有效时间内能迅速、果断地进行决策，采用相应的击球技术进行还击。经测定，乒乓球运动员的反应时间约为 0.14 秒，而一般人约为 0.3 秒。有关专家认为，反应时间的长短在一定程度上反映了人工作能力、工作潜力、应变能力和注意特征等心理特点，是构成人体整个心理素质的重要因素之一。因而，从理论上讲，长期参与乒乓球运动，积极进行乒乓球锻炼，能使锻炼者中枢神经系统工作能力得到改善和提高，最后使其自身的灵敏素质、身体协调能力都得以充分发展。

3. 健脑作用

在欧洲许多国家，人们习惯地称乒乓球运动是一项聪明人的运动。在我国，乒乓球运动也被诸多体育爱好者看作健脑的最佳运动。经过观察，在许多学校乒乓球训练队中，乒乓球技战术掌握好的学生，文化课成绩也都位列前茅。另外也有许多研究证明，经常参与乒乓球运动可以改善人的神经系统和反应。乒乓球球体小，速度快，攻防转换迅速，技术打法丰富多样，在参与乒乓球运动时，机体要求大脑快速紧张地思考，并且脑手并用，从而提高大脑的判断力和反应能力。所以经常参加这项运动，有助于促进大脑的血液循环和供给大脑充分的能量，从而对大脑的健康发育和发展起到很好的作用。

4. 改善和提高视觉能力

从运动生理学来讲，乒乓球具有体积小、速度快、旋转变化多等特点，这就要求参加乒乓球运动的锻炼者两眼必须始终盯住来球，并且随着球的运动轨迹和落点变化，时刻调节晶状体屈光度，使晶状体和睫状肌不断产生收缩、放松，加上乒乓球运动能促进身体血液循环，久而久之，眼内的晶状体、睫状肌及周围的韧带、肌肉的收缩力和弹性也随之增强，从而提高了眼机能的调节能力，改善了视力。这些对人们每天看书、上网造成的视觉疲劳、视力下降和眼机能衰竭都有着积极的改善作用。诸多研究显示，眼神经与大脑神经密切相关，当视觉感到疲劳时，心理疲劳也会随之产生，从而导致心理焦虑、神经紧张、记忆力下降等不良的身体反应。英国一项新研究也表明，学生时常上下、左右来回地移动眼球，能促进左右大脑之间的互动，有助于增强记忆能力，提高大脑思维能力。而乒乓球就是最佳的运动眼球方法。此外，青少年打乒乓球，可以有效地改善睫状肌的功能，对保护视力、预防近视都有积极作用。从以上的分析看，乒乓球运动不仅是改善视力的帮手，还是提高视觉机能的能手。

（三）乒乓球运动的育智价值

在众多体育项目中，乒乓球不仅是一项集力量、速度、柔韧度、灵敏度和耐力素质于一体的球类运动，还是一种有益于大脑记忆力增强的运动。乒乓球易学易会，不受场地、年龄等限制，并且技战术打法丰富多样，在最大限度地满足不同年龄智力的发展需求同时，对处于不同层次、不同社会地位的人们而言，也可以更好地锻炼他们的意志品质等。我国心理学人士曾对部分优秀少儿乒乓球运动员的心理品质进行研究，研究结果表明他们普遍智力水平较高，操作能力优于普通学生，情绪稳定，自信心、自持力、独立性、思维敏捷性均较强,智力因素与个性因素发展协调。在日常生活中,这些人也常常显得机敏过人,动作灵活且更加协调。

1. 满足现代人的心理需求

随着改革开放的不断深入,人们对文明需求层次的要求不断提升,构建和谐社会的倡导使我国的经济建设和精神文明建设步入了快车道。人们生活节奏的加快、工作环境的改善、物质生活的日益丰富,也逐渐形成了现代人的特点。他们在日常生活和工作学习中表现出来的"求新、求趣、求知、求动"的心理需求,与体育锻炼中表现出的心理活动如出一辙,从而导致以前传统的、保守的体育运动已经不能满足人们的心理需求,他们的内心需要新的时代气息、新的活动方式。现代人参加体育锻炼的目的也日益完善,他们锻炼不仅要增强体质,还要增进友谊,加强交流,陶冶情操。乒乓球作为我国的"国球",是值得我国人民骄傲的,它设施简单、风格多变、适应性和观赏性广泛的特点,恰恰吻合了现代人的心理特点,与其他体育项目相比,更能满足大多数现代人的心理需求。在全民健身中积极地普及与推广乒乓球运动,广大人民群众必然先受之,后爱之。因此,广泛推动乒乓球运动的发展,必将促进现代人的心理健康和身体健康,最终达到人与社会的和谐发展。

2. 提高人们的智力水平

乒乓球比赛过程中形势瞬息万变,参赛者要善于观察对方的技战术特点,揣摩对方的心理,能根据赛场上的实际情况制定行之有效的对策,果断地给对方猝不及防的一击。在现在乒乓球比赛中,团体成绩直接影响小到个人或一个团队、大到一个国家的荣誉,故而团体比赛中的排兵布阵是极其重要的。因此可以说,乒乓球比赛中,双方的运动员在智力上的角逐是异常激烈的,场上表现也极其复杂,如运用各种假动作发球来迷惑对方、运用假动作击球来扰乱对方的常规思维,从而增加对方的心理压力,使对方做出错误的一击。当双方参赛的运动员实力较为接近时,双方的斗智就显得更为重要了。在2004年雅典奥运会上,张怡宁与帖雅娜的比赛中,双方的实力相当,但因为张怡宁能根据场上的变化而变化,抓住了对方心理,在落后5分的情况下,赢得了比赛,最终摘得桂冠。因此,乒乓球运动是一项对智力因素要求极高的运动项目。长期从事乒乓球运动，有利于培养独立分析问题和解决问题的能力，使智力得到全面的开发，心理潜力得到充分的挖掘。

3. 锻炼意志品质，增强自信心和奋发向上的精神

乒乓球运动的输赢，在极短的时间内就可以得出结果。如此快速的反馈信息，更容易刺激参与者的进取精神。对参与者来说，在成功时保持积极进取的精神并不难做到，但在失败时继续保持进取的精神就要困难得多，因此顽强拼搏的进取精神也更为宝贵。乒乓球运动让人不断地品尝失败和体验成功，这些对磨炼人的意志品质来说是极其快捷且行之有效的锻炼方法。另外，从众多乒乓球国手的成长经历中也可以看到，无论身材矮小，还是智力一般，只要肯努力训练、积极进取，都能够有机会战胜客观条件比自己更好的对手，从而找到自己的自尊和自信。我国的乒乓球运动长盛不衰的六十多年可以说是一本培养心理品质的极好教材，每一次比赛中运动员力挽狂澜的局面都可以更好地教育人们树立积极进取、顽强拼搏的人生观。

（四）乒乓球运动的育美价值

1. 欣赏乒乓球运动中的美能唤醒完美人的重塑

一场乒乓球比赛，无处不渗透着美的元素。人们欣赏参赛运动员强健的体魄、高超的技艺、顽强拼搏的精神，欣赏赢得胜利的快乐，欣赏失败后运动员战胜自我的强大力量。运动员身上所展示的美的元素都将唤醒观赏者去重新审视完美人的标准，同时也引导人们去领悟"金无足赤，人无完人"的深刻含义，从而激励更多的人去参与乒乓球运动，去追求美，实现美的理想生存状态。此外，欣赏一场乒乓球比赛，也是人们在闲暇体验运动之美、欣赏运动员动作之美的关键所在，同时也是欣赏者实现一种对完美人的重塑与归复的过程。

2. 乒乓球运动参与主体的动作蕴含的美

运动是介绍人们参加美学活动的媒介，并为人们总结、整理相应的技能、技巧和才能提供了巨大的可能性。国际重大乒乓球比赛之所以拥有数以亿计的观众，不仅与乒乓球运动员所展示的精湛的技术有关，而且与他们向观众

奉献的娴熟的弧圈球、熟练的发球、准确的攻球、果断的接发球和完美的左推右攻有关，所有这些美的动作、美的技术元素都会使观众主动以此为参照，去评定自己的技术动作和战术水平，同时从精神上去感受运动员那种追求完美的精神和对乒乓球运动如痴如醉的热爱。

3. 参与乒乓球运动促进教育主体对美的追求

随着乒乓球职业化的发展，国际乒联摸索出了一套赛事运营和管理模式，把高水平的赛事加以包装和点缀，再运用媒体强势的造势与宣传，使乒乓球比赛成为人们物质生活之外的一种寄托与牵挂。如今，乒乓球比赛已触及全球的角角落落，观看乒乓球比赛已经成为人们闲暇生活中的一种享受。在观看乒乓球比赛或参与乒乓球运动的过程中，乒乓球运动所蕴含的美的元素不断被参与主体吸纳，乒乓球运动所赋予的丰富的教育价值也不断地促进教育主体对道德美、健康美、心智美进行追求。

第二节　乒乓球运动损伤类型及原因

乒乓球素来被誉为我国的"国球"，我国乒乓球的竞技水平和运动成绩一直都处于世界领先地位，但随着世界乒乓球整体水平的不断发展和乒乓球竞赛规则的不断变化，为了巩固我国乒乓球在国际性体育赛事中的强国地位，我国乒乓球运动员在训练中对体能、技战术有了更高的要求。乒乓球运动在训练时运动强度剧烈，负荷量较大，对于各项身体素质要求较高，同时，由于不断追求击球"快、准、狠、变"的制胜要素，乒乓球运动员在训练中的训练强度和训练量一直走高，不断通过大量枯燥的步伐移动和挥拍次数来体会和完善各个技术动作，再加上有时运动员在运动和锻炼时思想上未给予重视，技术动作不正确或运动方法不当，这些都有可能会给身体造成一些运动性的损伤或疾病。

一、乒乓球运动中常见的运动损伤类型

乒乓球运动损伤的多发部位为腰部、肩部和膝部。相关资料表明，乒乓

球运动损伤以腰骶部为最多，约占全部病例的三分之一。在乒乓球运动中，人体始终要保持上体前倾的状态，此时人体后方的棘上韧带始终保持上体前倾的状态，竖脊肌也长时间处于收缩紧张状态，许多运动员在运动结束后又不注意放松腰骶部，局部过度疲劳，以致积劳成损。在乒乓运动中，几乎每一次击球都离不开转腰这个动作，而这些腰部活动以大肌肉群为主，大肌肉群一般远比小肌肉群难"动员"，准备活动不充分，大肌肉群的惰性尚未克服，也是造成腰部运动损伤的一个重要原因。

肩部运动损伤的发生率仅次于腰骶部，约占总病例数的四分之一。乒乓球的击球动作大多以肩为轴，因此对乒乓球运动员握拍手臂的肩关节灵活性要求较高，肩关节灵活性不好较易受伤。肩关节长期磨损，肩峰韧带和肱二头肌长头在整个过程中几乎不能得到休息，因此常损伤并伴有发炎，如果不注意调节运动量并及时治疗，有的就变为慢性炎症，这是肩部运动损伤较多的重要原因。

膝关节也是运动损伤的多发部位。在乒乓球运动中，人体不停地跑动，膝关节始终处于半屈位，此时关节前十字韧带绷紧，膝关节两侧副韧带松弛，关节处于不稳定状态，乒乓球击球动作要求身体重心不停地转换，腿部不停地内外旋转，膝关节不停地承受着向两侧的力的作用，若是膝关节力量薄弱，在急促改变体位和失去重心时，就容易造成膝关节两侧副韧带的运动损伤。

乒乓球运动虽然场地较小，且无对抗性，但由于其速度快、变化多，故运动量也是较大的，尤其以腰背部及上肢运动为主，如果长期超负荷进行此项运动，就难免会对相关部位造成损伤。

（一）腰背部肌筋膜炎

筋膜是一层较薄的结缔组织，广泛包绕于肌肉表面，包绕腰背肌的筋膜是很厚的深、浅两层，腰部筋膜及其下分布着脂肪组织、血管和神经。腰背部肌筋膜炎是指筋膜、肌肉和肌腱附着区、脂肪、血管和神经等组织的病理改变。

在乒乓球运动中，腰背部要随着球拍的挥动完成前屈、侧弯、旋转等动作，易造成腰部肌肉损伤。其主要症状是腰部酸痛、沉重，运动中及运动后症状明显，腰背部劳累后症状加重。

主要预防及治疗方法：调整运动量，运动时佩戴护具，损伤部位进行按摩、理疗、封闭、针灸，较严重的需手术治疗。

（二）肩袖损伤

肩关节是人体活动度最大的关节，乒乓球运动是以肩关节的活动为基础的运动，因此也较易损伤肩关节。冈上肌、肩胛下肌、冈下肌及小圆肌的肌腱止于肱骨大小结节及部分外侧肱骨颈部，好似上衣的袖口，故称肩袖。它有悬吊肱骨、稳定肱骨头、协助三角肌外展上臂的作用。肩袖是肩关节活动中的解剖弱点，特别在负重时。在乒乓球运动中做提拉、扣杀、削球等动作时，上臂需反复内旋、外展，长期大量运动或急性损伤时均可造成肩袖损伤。

主要症状：损伤后的肩痛，此外还有肩部活动受限制、肌肉痉挛和肌肉萎缩。

主要预防及治疗方法：调整运动量，加强上肢肌肉的训练，根据病情轻重可用固定、封闭、理疗或手术等方法处理。

（三）三角软骨盘损伤

腕关节远端有腕软骨盘，又称腕三角软骨盘。乒乓球运动时进行的推挡、反手攻球、反手快拉、快拨、反手弧圈球，使下尺桡关节趋向分离，牵扯三角软骨盘而造成肩袖损伤。

主要症状：旋转前臂时出现腕关节小拇指侧疼痛，腕部无力感、弹响、交锁。

主要预防及治疗方法：前提是明确损伤原因，减少运动量，必要时固定制动、局部封闭、理疗、按摩，严重时需经手术治疗。

（四）髌腱末端病

乒乓球运动虽然以上肢运动为主，但步法灵活也是取胜的必需之法，无论怎样的技术动作都需配合一定的步法，故长期大量的运动就会致膝关节劳损、疼痛。髌腱是由无血管的肌腱纤维构成的，腱围是指髌腱背侧与深筋膜之间的多层结缔组织，髌腱及腱围与髌骨连接处就是腱止点。髌腱腱围炎就是引起髌尖下极、髌腱附着带点、髌腱和腱围疼痛的病变。

主要症状：膝关节痛，痛点在髌尖或髌腱处，半蹲、跑跳、上下楼时加重。

主要预防及治疗方法：调整运动量，加强下肢肌肉训练，佩戴护具保护、按摩、理疗。

（五）跟腱腱围炎

跟腱是人体最大的肌腱，近端是腓肠肌、比目鱼肌的肌腱，远端止于跟骨后下方。在跟腱的周围是所谓的腱围，它有很多层，每层都有独立的营养血管，各层间也可以滑动，以适应踝关节屈伸活动。跟腱的作用主要是跑跳，以及走路时提踵。运动员一次有力的踏跳或跨步，其力量可达780 kg，所以跟腱所受拉力是巨大的，因此也就易损伤。乒乓球运动因为需要不停地移动步伐，且扣杀等动作还需以足踏地发力，所以若运动量较大时，会造成跟腱局部损伤，出现跟腱腱围炎，甚至跟腱断裂。

主要症状：最初感觉跟腱在运动前后疼痛，准备活动后疼痛多可消失，如继续重复损伤动作，症状加重，以致走路甚至不负重地屈伸踝关节时也出现疼痛，晚期跟腱常出现棱形肿大。

主要预防及治疗方法：减少运动量、局部封闭、慢跑、理疗、手术治疗。

（六）肱二头肌长头肌腱腱鞘炎

肱二头肌是上臂前方的重要肌肉组织，呈棱形。其端有两个头，其中长头以长腱起自肩胛骨盂，上结节，经结节间沟下降。乒乓球运动中反复进行提拉、扣杀、削球、弧圈球等动作时，上臂前方的肱二头肌必须进行反复收缩才可发力，长期大量运动后易造成此疾病。

主要症状：一次致伤或慢性病变再伤时，在受伤当时即有疼痛，随后疼痛加剧，肩关节活动明显受限，疼痛部位多在上臂前外侧。

主要预防及治疗方法：如有出现，早期冰敷患处减缓疼痛，后期可通过按摩、理疗、外用药物等方法处理，如出现脱位应及时到医院处理。

（七）肱骨外上髁炎

肱骨外上髁是人体重要骨性标志，有许多肌腱附着于此处，负责伸展前臂及腕关节的伸肌腱就是附着于此。在乒乓球运动中由于反手击球、下旋回击球时，球的冲力作用于伸肌或被动牵拉该肌，即可引起腱止点出现纤维断裂、镜下骨折、腱变性血管增生、粘连、炎症等情况，以致产生肱骨外上髁的疼痛。

主要症状：大多数是逐渐出现疼痛，多是做反手击球等前臂旋前外展的动作时疼痛加重，动作停止，疼痛缓解。如不及时处理会变为持续疼痛，甚至休息痛。

主要预防及治疗方法：调整运动量、局部封闭、中药熏洗、手法按摩、手术治疗。

二、乒乓球运动训练者运动性损伤的致因分析

乒乓球运动属于技能主导类持拍隔网对抗项目，在运动时虽然没有剧烈的身体对抗，但快速的击球动作和瞬间肌肉发力都对身体的关节有着巨大的冲击。乒乓球运动在训练中常见的运动损伤绝大部分属于软组织损伤，主要涉及肌肉与韧带及相关组织等的拉伤与扭伤，有时在剧烈的比赛中也会发生擦伤、骨折等意外伤害。常见的运动性疾病主要是负荷超过了运动员所能承受的生理或心理限度，引起机能混乱和病理变化而导致的各种疾病，如运动性痉挛、运动性中暑。在乒乓球训练中造成运动性损伤与疾病的主要诱因来自内、外七个方面。

（一）人体自身生理特点的限制

人体在长时间高强度运动一段时间后，体内能量大量消耗、代谢产物过度堆积、电解质大量流失等必然会使人体全身各器官机能水平下降，从而导致疲劳的产生。身体疲劳以后继续从事高强度训练极易发生急性拉伤和扭伤，同时，如果在训练时产生的疲劳得不到有效的恢复，疲劳累积也会造成慢性劳损的产生，这样不仅不会提高运动成绩，还会降低运动员的运动寿命。人

体的关节结构在运动时体现出的灵活性和稳定性也是相辅相成的，关节头与关节窝之间的面积差愈大，运动幅度就越大，其灵活性也越高。反之，面积差愈小，则关节的稳定性越强。乒乓球训练时最常使用的腕关节、肘关节、肩关节、踝关节等都是人体中非常灵活的关节，它们的稳定性也是所有人体关节中最差，在训练中对于击球"快、准、狠、变"的极致要求会对这些关节造成较大负荷，容易发生关节扭伤和韧带拉伤。因此，关节的不稳定性也是人体自身生理特点的限制之一。

（二）思想上缺乏重视

由于乒乓球运动属于技能主导类持拍隔网对抗类运动项目，在训练和比赛中没有直接的身体对抗碰撞，所以训练时出现运动损伤的概率并不算太高，这就使得运动员在运动时思想上缺乏重视。在训练和比赛开始阶段如果忽略准备活动，甚至直接进行强度训练，会大大增加运动性损伤发生概率。准备活动是为了让人体的神经中枢尽快从安静状态进入兴奋状态，调动身体各个系统器官进入运动状态，如果不做或者没有充分地做准备活动，就极有可能诱发运动损伤，同时，也应重视准备活动的内容、强度，以及与正式训练之间的时间衔接，这些都直接影响着准备活动的效果。在训练和比赛进行阶段，如果缺乏自我保护意识，注意力不集中，高度紧张或过度懒散，甚至情绪激动、愤怒，也会增加运动性损伤与疾病发生的概率与加重损伤的程度。在训练和比赛阶段，如果陈旧损伤未能完全康复，往往会出现同一部位运动损伤反复发作，这是由于在思想上对运动性伤病缺乏重视，在症状不明显但未完全复原的情况下强行继续训练和比赛。它是造成运动员一次损伤最危险的诱因，也是造成慢性劳损最主要诱因之一。在训练和比赛的最后阶段，如果忽略放松活动，甚至直接结束训练内容，会大大增加运动性损伤发生概率。放松活动是为了放松局部肌肉，减轻身体负担，消除机体疲劳，使身体各个系统器官慢慢从紧张状态恢复到相对静止状态，充分的放松活动也是有效预防乒乓球运动员伤病的一个重要手段。

缺乏自我保护包括缺乏自我保护意识、缺乏自我保护动作和缺乏有效利用护具。自我保护意识是运动员慢慢养成的，是运动员比较成熟的表现。保护意识的养成需要多方面知识的积累，同时也是对国家和自己负责的体现，能更好地保持最佳竞技状态，延长运动寿命。思想重视程度是保护意识的重中之重，若不能把运动损伤问题提前考虑，不能把有可能造成损伤的情况考虑全面，势必会在训练和比赛中出现问题。有些运动员急于提高自己的技战术水平，但缺乏自我保护的意识，在运动量和运动强度都很大、肌肉力量不足、身体很疲劳的训练之后去单独加练，或者在没有做好准备活动的情况下就去和别人打强度较高的比赛，这样很容易造成急性损伤的发生和慢性损伤的复发，因而影响正常的训练比赛，不但不能提高技战术水平，反而可能葬送自己的职业生涯。

自我保护动作是通过身体动作而完成的，自我保护的动作是根据运动力学与解剖学原理，在出现运动致伤的情况时，利用改变受力对象即人体本身的受力要素而完成的，通常利用改变身体姿势、身体重心及改变肌肉紧张度等方法来达到自保的目的。通过加强协调性、灵活性及快速反应练习、柔韧性练习、肌肉力量练习、常用技术动作强化练习，可以提高自我保护技能的熟练度。在训练中有意识加一些提高自我保护机能的练习，可以减少或避免严重意外损伤的发生。有效的护具可以使关节、软骨、肌肉等能有效地得到固定，起到防止运动损伤的发生和对已经损伤部位进行保护的作用。因此，运动员可以根据自己的实际情况来选择适合自己同时能有效防止和控制运动损伤的护具，这样对于有效控制已有损伤的进一步加重有很大帮助。

（三）忽视专项身体素质

由于乒乓球属于技能主导类运动项目，在比赛中技术往往直接决定着运动成绩，这就使得运动员在训练中对专项身体素质训练缺乏认识，常常通过常规身体素质训练代替乒乓球专项身体素质训练，重视主要运动肌群的力量训练，忽视各项身体素质全面发展。良好的身体素质是决定运动技术得以正常发挥甚至超常发挥的基础，是系统、科学训练的根本保证，是预防运动性损伤和疾病的核心手段。身体素质和技术难度之间不匹配、力量素质和柔韧素质之间发展失衡等都是忽视专项身体素质而造成运动损伤的主要原因。

（四）技术动作不规范

乒乓球需要通过蹬地、转腰、挥臂等发力顺序把力量通过球拍集中传递给乒乓球，如果在乒乓球训练和比赛中技术动作不正确，违背人体生物力学原理和生理特点，就极易造成运动损伤。因此，技术动作不规范也是造成运动损伤的主要原因。

（五）运动负荷过量

乒乓球训练在运动负荷制定与安排时应该充分考虑因人而异原则，根据运动员的生理特点，科学搭配身体各部位的运动负荷，防止运动量过大造成过度疲劳或局部负担过重产生劳损。在训练中如果运动负荷超过了运动员身体承受的生理负荷量，尤其是局部肌肉组织的负荷过大（如持拍手臂的相关肌肉组织），会引起细微的运动性损伤。这些运动性损伤没有明显症状，但随着积累会诱发慢性运动劳损，这也是造成运动性损伤的主要原因之一。同时，训练还要注意系统性与周期性，整个训练过程循序渐进，最大限度地减少对运动员产生损伤与疾病。对于有损伤的运动员要注意做好康复训练，并根据伤病情况区分对待，制定有针对性的训练内容和运动负荷强度。

运动负荷是以身体练习为基本手段对运动员有机体施加的训练刺激，是在承受一定的外部刺激时，机体在生理和心理方面所表现出来的应答反应的程度。在适宜训练负荷下，机体会出现生物适应现象，在负荷保持在一定范围的条件下，机体的应激，以及随之产生的一系列变化，都会保持在一个适宜的范围内。这时负荷的量度越大，对机体的刺激越深，所引起的应激也越强烈，机体产生的相应变化也就越明显，人体竞技能力提高也就越快。但是机体的生物适应现象只发生在负荷适宜的条件下，而当负荷超过了一定的范围，超出了运动员的最大承受能力（或称过度负荷）时，运动员的机体便会产生劣变现象。过度负荷有时表现在生理方面，有时也表现在心理方面。过度负荷的直接结果，首先是出现不适应的症候，如果仍不采取措施，使运动员机体得到必要的恢复，那么就会进一步发展成为过度疲劳，然后导致运动员健康状况和体能的明显下降，使运动创伤增加。

运动负荷由负荷量和负荷强度两个因素构成。前者反映着负荷对机体刺激的量的大小，后者反映着负荷对机体刺激的深度。反映负荷量大小的指标一般为次数、时间、距离、重量等。负荷强度的大小常常通过练习的速度、远度、高度、单位练习的负重量或练习的难度予以衡量。对于乒乓球项目来讲，其负荷量为练习的时间和次数，负荷强度为单位时间练习的次数和组数。另外，参加比赛的级别不同，运动员所承受的心理负荷也明显不同。负荷量和强度相互依存而又相互影响，任何负荷的量都是以一定的强度为条件而存在的，任何负荷的强度又都以一定的量为其存在的必要基础。乒乓球项目主要是用某一持拍手进行挥臂，并且配合全身用力击球的运动项目。不合理的大负荷训练和比赛会超过人体器官、组织的承受力。在这种情况下进行训练，人体组织结构会因过度摩擦挤压、过度牵拉引起微细损伤的积累，如慢性骨劳损、关节劳损、肌肉劳损等都因此产生。

（六）运动场地和器材不合理

乒乓球运动对于乒乓球的器械与场地的要求相对较高，在炎热且通风较差的地方训练，往往会引起运动性疾病的发生。如果在有刺眼光线、有侧风、有障碍物限制等环境下从事乒乓球运动，就会难以把握合适的击球位置，造成技术动作变形，增加受伤的概率。球拍要根据自身条件合理选择胶皮、海绵、底板，不适合的球拍会对运动员的击球动作造成负担，增加运动损伤的概率，加重损伤程度。同时，乒乓球台面和场地的质量、服装与球鞋的舒适度、辅助器材是否安全、灯光照明能否达标等都与运动性损伤和疾病的产生有着一定的关联。

（七）准备活动不合理

准备活动不合理是造成运动损伤的重要训练学因素。准备活动是指在比赛、训练和体育课的基本部分之前，为克服内脏器官生理惰性、缩短进入工作状态时程和预防运动创伤而有目的进行的身体练习，为即将来临的剧烈运动或比赛做好准备。准备活动的生理作用是调整赛前状态，克服内脏器官生理惰性，提高机体的代谢水平，使体温升高，增强皮肤的血流量，有利于散热，防止正式比赛时体温过高。其生理机理使正式比赛时中枢神经系统的兴奋性处于最适宜水平。由于运动项目不同，动作的结构、强度、速度、节奏及用力方法均不同，因而准备活动的内容、形式、强度也应有区别。如准备活动的效果不好，则有关部位的关节、肌肉会由于活动不适宜而容易出现损伤。在做准备活动时，除了肌肉的主动运动，还要考虑做好被动肌肉拉长的活动，以提高其柔韧性，尤其是在比赛前。准备活动中基本动作的强度一定要按比赛时的要求，以提高灵活性，避免运动损伤的发生。准备活动应以一般性活动过渡到专项性活动。在各项运动中，准备活动是每次训练比赛都必须完成的程序，是每一个教练员、运动员最熟悉的一个环节，也是最容易忽视的问题。准备活动问题引起运动损伤是一个带有普遍性的问题，也应是引起教练和运动员、学生普遍重视的问题。

第三节　乒乓球运动康复训练方法

一、腕关节损伤的原因和防治措施

腕关节是人体运动所需的重要关节之一，对于大学生运动员来说，腕关节的损伤将直接影响其运动水平的发挥。腕骨共有 8 块：由桡侧至尺侧近排的舟状骨、月骨、三角骨、豌豆骨；远排的大多角骨、小多角骨、头状骨、钩骨。8 块腕骨形状各异而不规则，彼此间互相交错接触，由韧带相互连接，活动度不等。腕关节的损伤主要可分为：腱鞘炎、桡骨远端骨折、舟骨骨折、腕三角软骨盘损伤、下尺桡关节分离、腕关节错缝及其他软组织损伤。

（一）运动员腕关节损伤发生的原因与机制

在乒乓球体育运动项目中，以及在运动员进行上肢体能训练的过程中，容易发生腕关节的损伤。

1. 损伤的原因

第一，训练水平不够。运动员必备的身体素质往往表现为力量、速度、耐力、柔韧性及灵敏性等。在开始进行系统的专项训练时，若运动员的身体素质不能跟上技术动作特点的要求，常常会导致运动损伤的发生。如运动员在力量训练时经常做双手握住杠铃后翻腕上举的动作，这时腕关节承载的负荷非常大。若运动员训练水平不够，一旦超出其负荷范围，则易导致腕关节的损伤。

第二，技术动作错误。对运动技术要领掌握不当是诱发腕关节损伤的一个重要原因。

第三，准备活动不充分。训练之前准备活动做得不充分或专项准备活动做得不够。

第四，训练负荷安排不当。训练时若运动量安排不合理，违背循序渐进的原则，也易引发腕关节的损伤。

第五，场地器械不合卫生要求。器械不符合卫生要求，容易导致腕关节的损伤。

第六，过度疲劳。当腕关节支撑体重时重心偏向尺侧，反复旋转前臂和腕部可使软骨盘受到碾磨或牵扯，导致软骨盘退行性病变，以致破裂。另外，在训练和比赛过程中，如果缺乏必要的医务监督和保护措施，再加上运动员思想负担过重和精神压力过大，也易导致运动员腕关节的损伤。

第七，反复劳损。乒乓球运动员每天训练反复做腕关节的运动，久而久之会使腕关节内部的软组织反复磨损，造成慢性损伤，尤以腕部的桡骨茎突腱鞘炎多见。

2. 损伤的机制

腕关节损伤以腕关节的肌腱腱鞘炎为主，大部分为慢性损伤，小部分为急性伤。若伤后治疗不及时或处理方法不当或康复后腕关节再次扭伤，容易导致骨折、脱位等，这样容易诱发骨关节病。

（1）腕关节损伤的内在因素：在运动员腕关节的损伤中，多数为慢性损伤或再发性扭伤。如上所述，腕关节由尺桡骨的远端及腕骨组成。桡骨远端由松质骨构成，因此当腕关节承载的负荷过大时，容易造成桡骨远端骨折。在腕骨中，舟状骨较窄长，纵跨两排腕骨之间，过度背伸时，易造成舟骨骨折。月骨远端下凹，近端隆凸，侧面呈现月牙状。当腕过度背伸受力时，易将月骨挤向掌侧造成骨前脱位、月骨周围脱位或月骨错缝。腕关节的生理上的弱点也是导致损伤的一个重要的原因。

（2）腕关节损伤的外在因素：运动员因自身的肌肉力量、体能，以及承受负荷能力的不同，损伤发生的部位和次数各不相同。加上训练场地的不同、器械不好，以及教练员运动负荷安排得不合理等都是诱发腕关节损伤的外在因素。

（3）腕关节损伤的病理：腕关节的损伤涉及很多部位。腕关节腱鞘炎主要是因训练组织不当与局部疲劳过度而产生的，主要病理变化是腱鞘肥厚、无弹力，且紧紧包压肌腱。切开腱鞘，内有黄色浆液溢出，病理切片检查均显慢性炎症改变。肌腱是一种索条状、没有弹力的组织，当肌肉收缩时肌腱紧张，并拉成直线。人体的活动是依靠肌肉的收缩与肌腱的牵引实现的，因此，肌腱一般都必须经过一个以上的关节。当肌腱绕过关节或骨骼的隆起部位时，为避免紧张的肌腱滑脱，深筋膜就在这些部位增厚成环状或宽平的支持带，将肌腱固定，如手腕部位的腕背侧韧带等。由于肌腱经过骨的隆起部及关节时容易发生摩擦，因而在这些部位都有腱鞘及滑液鞘保护。但如摩擦使用过度，即产生肌腱腱鞘炎。桡骨远端骨折主要是外界的暴力所致，伤后腕关节有明显肿胀、压痛和功能障碍。桡骨远端为松骨质，血液供应丰富。当运动员跌倒时，前臂旋前，腕背伸，手掌着地，常造成该骨折。伤后桡骨的远端向背侧及桡侧移位，尺骨小头相对变长，桡骨下端的两个倾斜角都变小。且常常并发下尺桡关节分离、尺骨茎突骨折或三角软骨盘损伤，影响前臂的旋转活动。因此，桡骨远端骨折是一种联合损伤。

（二）腕关节损伤的临床表现和诊断

1. 腕关节肌腱腱鞘炎

腕关节部的腱鞘炎多发于桡骨茎突，发病时桡骨茎突处有疼痛、压痛和局限性肿胀。拇指与腕关节活动时疼痛加重，拇指活动不灵活，偶尔有弹响。握拳尺偏试验阳性。患者拇指屈曲，其余四指包住拇指握拳，再做腕部尺偏动作，桡骨茎突部疼痛为阳性。

2. 腕三角软骨盘及下尺桡关节损伤

腕部有明显外伤史或有腕关节长期反复旋转活动史。下尺桡关节及腕尺侧疼痛，压痛，轻肿，前臂旋转功能受限，腕背伸痛，腕三角软骨挤压试验阳性。X 线检查可见下尺桡关节间隙较健侧增宽，尺骨小头向掌侧或背侧移位。

3. 腕关节错缝

腕关节错缝以月骨错缝多见，腕部有手掌支撑时受伤史，腕背伸或屈曲疼痛，腕背侧月骨与桡骨间隙处压痛，并可触及凹陷。腕关节 X 线侧位片检查可见月骨掌侧移位。另外，在腕关节有明显外伤史的情况下需首先拍 X 线片检查以排除骨折，尤其是桡骨远端骨折和舟状骨骨折，其中舟状骨骨折在诊疗过程中常被漏诊、误诊，因为普通的正侧位片看不到骨折线，如不加拍舟状骨位很容易漏诊。而且就算当时拍了舟状骨位，有很多病人是看不到骨折线的，要到伤后 2 周，骨折线处的死骨吸收，才能发现。舟状骨位于鼻烟窝处（往外展开大拇指，可以看到的拇指下方的一个窝），舟状骨骨折，鼻烟窝处压痛、肿胀，拇指外展痛，手腕背伸痛，拇指或食指轴心挤压痛（将手指往腕关节方向推压）。很多人舟状骨骨折半年甚至一年都不知道，就是腕部活动时总是疼痛。有的发现时已经愈合，有的则不愈合且出现舟状骨坏死。即使当时发现并用石膏固定了，舟状骨腰部骨折也有 30 % 的不愈合率。

（三）腕关节损伤的治疗

1. 桡骨茎突腱鞘炎

急性损伤时采用加压包扎和冰敷来减少局部肿胀，早期应减少患侧拇指活动。

推拿疗法，取坐位，用拇指指腹端按揉患侧上肢阳溪（腕背横纹桡侧凹陷中）、阳池、合谷、腕骨（手背尺侧，豌豆骨前凹陷中）、养老（尺骨小头桡侧缘凹陷中）穴各1分钟，以有较强的酸胀感为度。

针灸疗法，选取阿是、合谷、阳溪、手三里、列缺、太渊、内关、大陵等穴，每次2～4穴，电针20～30分钟，每日或隔日一次。

物理治疗，微波照射疼痛部位，每次15～20分钟，每日或隔日一次。

封闭治疗，用醋酸曲安奈德10 mg与10 g/L（1%）的利多片因2～3 mL混合液，在桡骨茎突腱鞘内注射。

手术疗法，在保守治疗效果不佳的情况下可行切开腱鞘松解减压、肌腱松解等手术治疗。

2. 腕三角软骨盘及下尺桡关节损伤

手法整复，先适当牵引后，医师用拇指轻轻按揉尺骨小头与桡骨远端的尺侧缘，使其突出处复平，然后双手用力对向推挤桡骨茎突与尺骨小头，使两者合拢、固定，将大小适宜于腕尺骨小头及关节的压垫置于腕背及尺侧，用绷带加压包扎固定于中立位或旋后位，时间为4～8周。

针灸疗法，选合谷、阳溪、中诸、养老、阳池、阳谷等穴位点刺，挤血少许以通经活络、活血化瘀。

推拿疗法，治疗损伤后期，先在前臂肌尺侧伸屈肌部分揉摩以放松肌肉，然后点按少海、灵道、通里、阳池和外关等穴位1～3分钟，再在牵引下，做腕关节屈伸、旋转摇晃，以松解粘连，再用双手夹持患者手腕背侧，做快速搓动数遍，最后以抚摩手法结束。

物理疗法，采用微波或超短波照射患处15～20分钟，每日或隔日一次。

封闭疗法，用醋酸曲安奈德10 mg与10 g/L（1%）的利多片因2～3 mL混合液，对痛点进行封闭。

手术治疗，对严重影响腕部功能，并有持续疼痛的患者，可行三角软骨盘切除术或尺骨小头切除术。

3. 腕关节错缝

腕关节错缝主要以月骨错缝多见。

手法复位，患者掌侧朝上，助手握住患者前臂，术者握住患者手掌向下过度牵拉，然后突然向上屈曲患者腕部，以听见关节弹响声为宜。

固定，对于发生月骨错缝时间超过一个月的患者，在进行手法复位后应继续固定治疗，将大小适宜的压垫置于腕掌侧月骨与桡骨间隙处，用绷带加压包扎固定，时间为 4 ～ 8 周。

物理疗法，对于实行手法复位后仍有疼痛的患者，可继续采用微波或超短波照射患处 15 ～ 20 分钟，每日或隔日一次。

（四）腕关节损伤的预防

腕关节损伤重在预防，一是平时要重视腕关节周围肌肉和韧带的训练，同时加强腕关节背伸及手臂力量的练习，以提高腕关节稳定性和灵活性。二是加强医务监督工作，要根据运动员的身体状况和体能监测指标来制订训练计划，这样既能够预防伤病，又有利于提高运动水平。三是运动前要做好充分的准备活动，运动时要掌握正确动作要领，同时思想要集中，不可麻痹。四是训练时以护腕或绷带保护腕关节。五要经常注意检查训练场地、运动器械等是否安全，过于老化的运动器械应及时修理或更新。

二、乒乓球运动肩关节损伤原因及预防对策

肩关节损伤在乒乓球运动损伤中最为常见，不仅会影响运动员运动成绩、运动寿命，还会给运动员的生理、心理造成严重的影响。乒乓球运动是一项对技巧性要求比较高的项目，它要求运动员必须在极短的时间里准确地判断并做出迅速的击球动作，在此过程中身体的各个发力部位和关节都需要灵活快速地配合。乒乓球运动项目自身的这一特点决定了乒乓球运动对身体主要的发力部位和关节的冲击是非常大的，在长期的训练中，如不加以重视，这些发力部位和关节就容易出现运动损伤。常见的损伤有踝关节扭伤、膝关节损伤、大腿和小腿肌肉拉伤、手腕扭伤、肘关节损伤和肩、背、颈部损伤等，在这些损伤中肩关节损伤的发生率最高。

（一）肩关节损伤的原因

肩关节损伤指因肩部各组织包括肩袖、韧带发生关节退行性改变，或反复过度使用、创伤等原因造成的肩关节周围组织的损伤，表现为肩部疼痛，常见于肩部运动负荷过高或动作过猛，如长时间大力扣球，过度牵拉肩部肌肉，使肩关节做伸展、转肩及超正常范围的剧烈活动，受到反复牵拉与韧带发生摩擦而引起损伤。常见的肩关节损伤有肩峰下撞击综合征、肩袖损伤、肩关节周围炎、肱二头肌长头腱损伤、上盂唇自前向后损伤、肩关节不稳。导致肩关节损伤的基本原因有以下六点。

1. 准备活动不充分

准备活动不合理导致的损伤是发生频率最高的。乒乓球运动属于隔网对抗运动项目，运动者处于不停地移动、启动、骤停等一系列交替性运动中，如果不充分做好准备活动，在神经系统和其他器官系统的功能尚未充分动员起来的情况下，就进行练习或比赛，此时因身体存在惰性，肌肉温度没有提高，力量、弹性和伸展性不够，容易发生肌肉或韧带损伤。

2. 技术动作错误

在乒乓球运动过程中，任何一个击球动作肩关节都必须参与，由于技术动作上的缺点和错误，违反了人体结构的特点和各器官系统功能活动规律，以及运动时的力学原理，非常容易引起机体组织损伤。例如，正手攻球、大力扣球时为将球击得更快、更有力，全力使用肩带力量击球造成肌肉拉伤或韧带拉伤。尤其是青年神经兴奋和抑制过程不均衡，分化抑制的能力较差，学习动作时常常由于要领掌握不好而造成损伤。

3. 肌肉力量不均衡

在任何运动项目中原动肌和对抗肌的力量差距都会造成肌肉或韧带拉伤。在乒乓球运动中主要体现在练习者普遍追求胸大肌等体前肌力量的发展，而忽视了背部肌肉的力量发展。同时，肩关节周围肌肉力量、柔韧、灵敏性素质较差，致使肌肉力量和弹性差，关节的灵活性和稳定性不够，这都可能造成肩关节损伤。

4. 身体过度疲劳

身体过度疲劳是造成运动员身体损伤的重要原因之一，在所有导致运动员损伤的原因中，疲劳占据着重要的位置。身体过度疲劳之后继续进行运动，容易导致急性运动损伤，而日积月累的疲劳，会导致运动员的慢性损伤。对于乒乓球运动员来说，过多的训练导致运动员的体力和精力消耗较大，容易产生运动性疲劳，而随着乒乓球运动水平的不断提高，运动员的压力也在不断地扩大，运动的强度也在不断地加剧。所以，疲劳的积累引起机体过度疲劳，将会使肌肉力量变弱，反应变迟钝，身体协调性变差，不仅不能提高运动成绩，还可能会造成机体的各种运动损伤，甚至影响运动寿命。

5. 运动负荷过大

运动负荷是根据不同运动员的不同的适应程度体现出不同的生物适应能力，如果保持在一定的限度之内，有利于运动员发挥最好的水平，但是，如果超负荷运动，运动员的机体就会出现劣变的现象。对于乒乓球运动员来说，大量的练习时间和次数增加了其负荷量和负荷强度，大量超负荷运动是导致运动损伤的主要原因。乒乓球运动主要是用某一持拍手进行挥臂，并且配合全身用力击球的项目，大负荷训练和比赛会超过人体器官组织的承受力，在这种情况下进行训练，将会因肌肉力量较弱、反应较迟钝、身体协调性较差等导致损伤。

6. 思想因素

肩关节损伤的发生常与教练员和运动员对损伤预防的认识不足有关。不重视运动损伤的人，大多存在着一些片面的认识或缺乏预防观念。有些人认为乒乓球运动不存在身体接触，不会受伤，思想上麻痹大意，不注意科学的训练方法，忽视循序渐进和量力而行的原则，过分执着于比赛名次，不顾自身的承受能力，超负荷地加大训练强度，使机体长时间处于疲劳状态，大大增加了运动损伤的概率。在受伤后需经过一段时间的恢复才能进行运动，且必须在关节周围的肌肉或韧带及关节囊损伤部位得到恢复后才能运动，而有些运动者在没完全恢复时就进行运动，从而再次造成关节损伤，随时间推移将有可能转变为关节肌肉劳损。

（二）预防肩关节损伤的措施

1. 思想上引起高度重视

肩关节损伤与乒乓球运动员对运动损伤的危害性认识不足、思想上麻痹大意、缺乏运动损伤的基本知识及预防损伤意识等有关。因此，教练和运动员应加强运动医学及运动训练学等方面知识的学习，最大限度地提高预防运动损伤的意识。同时要重视准备活动，充分的准备活动是预防运动损伤的重要措施之一，训练和比赛前应加强肩关节周围的准备活动，要培养运动员自我保护意识和能力，把运动损伤降到最低。

2. 加强医务监督工作

加强运动员训练和比赛期间的医务监督，建立个人医务档案，定期对运动员在训练和比赛中的健康状况、身体反应、功能状况进行跟踪检查，及时了解运动员身体情况，发现异常情况要及时就医，以免延误治疗最佳的时间，并根据伤情重新安排训练计划。

3. 合理安排训练内容

乒乓球运动员在平时训练过程中，要遵循循序渐进的原则，运动量安排要有大、中、小，避免在高度紧张的运动之后或在疲劳的状态下进行复杂的技术练习，实行运动员自我监督。在运动负荷安排上，要有节奏地逐渐增大运动负荷。在训练中，要以多种多样的手段和训练方法改善运动员肩关节功能，采取各种技术穿插进行训练，训练时尤需注意的是不要让肩关节太长时间重复一个动作，避免"单打一"练习，造成肩关节局部负担过重而引起损伤。同时，在训练过程中要强调掌握正确的技术动作，正确地掌握乒乓球运动各项技术动作的要领是预防肩关节损伤的关键，而击球动作错误是导致肩关节损伤最为常见的原因。一定要建立正确的技术概念和各项技术的发力顺序，学习过程应循序渐进、由易到难。

4. 加强身体素质训练

力量素质是一项减少损伤发生率的基础素质。从事各种不同专项练习均需要进行一定的力量素质训练，有较大的力量，常常可以为取得优异运动成绩提供良好的保证。有针对性地加强肩部肌肉力量练习，是积极预防肩袖损伤的一种强有力的手段，也可以提高肩关节的稳定性和坚固性，同时必须增强肩部韧带的力量训练，以提高肩关节的柔韧性和灵活性。但仅仅依靠加强肩关节周围肌肉力量还不够，还应该加强腰部、下肢、小臂等肌肉力量。乒乓球发力的关键位置之一就是小臂，如果运动员的小臂力量不够的话，就很容易导致肩关节的损伤。因此，应不断加强运动员全面身体素质，让运动员在乒乓球运动中能够保持身体的平衡，从而有效地保障肩关节的健康。

三、乒乓球运动员膝关节损伤的机理及康复

在乒乓球运动的教学与训练中，如何有效地防止和减少运动损伤，是保证教学训练和提高运动成绩的重要措施之一。在乒乓球运动中，膝关节损伤时有发生，对训练比赛影响很大。

（一）膝关节损伤机理分析

膝关节是较复杂的关节，其损伤在外伤中比较常见。人体直立时膝关节为 $0°$ ，屈曲时可达 $150°$ ，膝关节呈 $30° \sim 150°$ 时，最容易受伤，而乒乓球运动员在训练和比赛中，处于半蹲位，其膝关节角度大部分在这一范围内。膝关节的屈曲要求股四头肌某部分承担较大的负荷，由于股四头肌长时间反复收缩，骨张腱附近两区的部位受到拉力，以致最薄弱的部位和负荷量较大的部位的腱纤维撕裂或撕脱，逐渐引起骨张腱末端病。同时，由于膝关节常处于半蹲位，以及乒乓球运动员各种步伐的不规则交替运用，如滑步、跨步、交叉步、急起、急停、转身等，膝关节多次反复屈伸扭转和半蹲发力，致使髌骨与股骨的相应关节面相互异常错动，而引起髌骨软化病。再则，在乒乓球课安排中，持续大量专项训练过多，并且在各种不同类型打法的运动员中，由于弧圈和弧圈结合快攻打法移动范围大，运用滑步、交叉步较多而且远离球台，主动发力攻球多，从而加大膝关节用力负荷。因此，膝关节损伤比例较高。

（二）训练环境因素

由于训练条件简陋，业余体校训练场地是水泥地面，专业队训练场地是在水泥地面用沥青加一层木地板，弹性比较差，地面较硬，加之乒乓球运动员膝关节长期负担较重，这也是造成膝关节损伤的重要原因。

（三）项目原因

在乒乓球运动中，训练和比赛时运动员的膝关节经常处于半蹲位，加之前、后、左、右突然变向，在其关节不稳定的情况下，突然进行启动、急停、移动、转体等活动，易使结构损伤，如关节过度牵拉，使关节软骨及半月板损伤。

（四）技术动作不合理

过去部分老运动员为了增加攻球的威胁，在发力击球的一刹那，习惯用力跺地板，这样急速伸直膝关节，再加上地板较硬，会使膝关节受到很大冲击，脂肪垫嵌入股胫关节，易引起脂肪垫挤压挫伤。同时，膝关节长期过度负荷，引起脂肪垫与股胫关节的反复摩擦、牵拉，也是引起髌下脂肪垫急慢性损伤的重要原因之一。

（五）预防方法

1. 对于预防膝关节损伤

首先要在思想上引起高度重视。对于专业运动员的训练和比赛来说，膝关节的负荷量是相当大的，一旦膝关节损伤，不但影响日常训练和比赛成绩，而且很有可能会就此断送运动员的运动生涯。因此，如何防治、减免运动伤病是乒乓球运动训练工作中的重要环节。

2. 丰富多样化的训练手段

在训练工作中，要以多种多样的手段和训练方法改善运动员各器官系统机能，改进身体形态机能，加强全面身体素质水平，正确掌握基本技术。应采取各种技术穿插进行训练，训练时尤需注意的是不要太长时间重复一个动作，避免"单打一"练习，造成局部负担过重而引起损伤。

3. 要合理安排训练

在运动负荷安排上，要有节奏地逐渐增大运动负荷，对于新入队的运动员和训练年限不同的运动员，全面训练和专项训练比例要有科学合理的安排，同时按照乒乓球专项技术特点的要求，下肢力量训练应以半蹲练习为主，深蹲练习为辅。动静力训练与速度、耐力训练相结合，重点加强四头肌的力量，加强膝关节力量练习。

4. 认真做好准备活动和课后整理放松活动

教练员应认真备课，把准备活动当作训练课的重要内容之一，根据训练课的不同要求，改变活动形式，适当提高强度和趣味性。同时，加强课后的放松活动，采用体操、心理暗示、按摩、热敷等多种方法，及时解除局部疲劳，对减少损伤也有很大的作用。

四、乒乓球运动踝关节损伤康复

踝关节是人体运动的重要枢纽及承重关节，是运动的重要而又薄弱的部位，运动时它的负荷量最大，加上跑跳动作是体育运动中不可缺少的动作，在强烈而不规律的外力刺激下，踝关节的损伤通常是突然发生难以预防的，能使人在几秒钟之内突然失去运动和行走的能力。踝关节损伤后未得到及时、正确的治疗会加重踝关节的损伤程度，延缓踝关节康复的时间，从而使踝关节发生习惯性损伤及慢性踝关节不稳定等，从而影响运动员的运动成绩及将来的生活质量。

（一）踝关节损伤后的紧急处理与治疗

踝关节损伤后应立即停止行动并进行冷敷，冷敷能使血管收缩，减少血液渗出，减轻局部充血，降低组织温度，抑制神经感觉，减轻疼痛，有止血、退热、防肿的作用。具体方法为就近用冷水直接淋伤处 5～10 分钟或用冷水、冰块敷（中间加垫棉花，不可直接与皮肤接触）。若有条件可用氯乙烷喷撒于伤处，进行暂时的蒸发冷冻。

轻度的踝关节损伤只是出现了韧带拉松或部分性撕裂，症状不是很明显，只是伤处有轻微疼痛感觉。一般轻度扭伤不需要特殊的急救处理，但应停止运动，进行冷敷。24小时后，局部可用酒精、正骨水、红花油擦敷，以减少血肿的形成和疼痛，踝周用弹力绷带包扎，包扎时轻加压力，但不能包扎太紧，以免影响血液循环，包扎固定休息1周后，伤处疼痛逐渐消失方可开始进行适应性训练。

重度踝关节损伤时的急救：先马上停止行动，弹力绷带固定踝周，进行局部冷敷。现场简单处理后去医务室拍片（有条件做核磁共振）、局部B超等，若没有骨性损伤，但疼痛剧烈、活动受限时应用石膏或支具外固定后方可平躺休息，抬高患肢，48小时后可进行局部热敷，也可用一些消炎消肿类药物以防感染及减轻水肿。对于内伤的中医疗法主要有敷药法、搽药法、熏洗法、药物足浴、针灸等。采用活血散消炎的中草药，利用中草药成分中所含药离子，直接作用于局部肌肉、关节和骨骼损伤部位的皮肤表面，使其局部组织的血液循环通畅，促进局部损伤组织的修复，使踝关节组织结构性损伤程度降到最低。

（二）踝关节损伤后的康复治疗

踝关节伤后1周，基本症状消除后，可在踝关节周围轻轻地用推摩、揉捏、切法、理筋等中医手法进行康复按摩，亦可配合理疗（红外线电烤、蜡疗）和针灸治疗，对踝关节损伤部位的经络系统进行强烈的刺激，通过踝部神经的调节功能，扩张踝周组织毛细血管，消除微循环障碍，促使踝关节损伤局部组织血流加快，加快对踝部渗出液的吸收，促进机体新陈代谢，增进踝关节损伤组织的恢复和再生。

（1）在相关医务监督人员指导下循序渐进地进行踝周肌肉的力量训练，有计划地进行身体、动作、姿势协调性的练习。定期做相关医学检查，如踝部B超、踝部核磁共振及踝部肌电图检测等。

（2）踝关节本体感觉重建。对于踝关节功能性不稳的踝关节损伤者可采用相应的踝部护具作为锻炼工具，以加强踝关节的稳定性，增加踝关节外侧感受器的感觉功能，促进本体感觉恢复。对于结构性不稳的踝关节而言，根据踝关节的解剖结构可知，踝周韧带松弛是踝关节结构性不稳的主要原因。进行外科手术治疗来实现本体感觉的重建，主要是通过修复踝周受损的含有本体感受器的组织结构，调节松弛韧带的张弛度，来加固踝关节稳定性，恢复关节力学感受器的适宜刺激条件和神经肌肉反馈的途径，达到关节功能重建的目的。

（3）踝关节本体感觉的训练。踝关节位置觉与运动觉的训练，让踝关节损伤者遮蔽双目后采用坐姿，髋、膝关节屈曲近 100°，脚与小腿垂直呈中性姿势，光脚，将患侧肢抬腿伸直到最大限度，做设定的 4 组动作，分别是踝关节内翻 10°、外翻 15°、背屈 20°、跖屈 25°，重复做每组动作，两次后换下一组动作，每次动作持续至少 30 秒，可逐渐延长训练时间及增加次数。另外，让踝关节损伤者遮蔽双目进行足球射门训练，在球门外 10 m 处安放 5 个足球，分别放在 1～5 号位，每次练习 5 个足球的位置是固定的，首先在正常状态下进行适应性射门演练，然后再遮蔽双目进行射门训练，每次射中球门后给一次提示信号，多次训练后逐渐缩小目标范围进行训练。这个训练的目的是训练反射性神经、肌肉控制系统与人体意识的协调能力。训练能在很大程度上加强踝关节的本体感觉功能，对改善踝关节的运动功能有很大的帮助，从而提高运动水平及改善生活质量，增加踝关节稳定性，减少踝关节的二次损伤发生率。

运动员加强对踝关节解剖学基础知识的学习，以及对踝关节损伤后急救与治疗方法知识学习，能使其深刻认识到踝关节的重要性。加强对运动员的管理督导，改善运动条件（场地、设备等）与医疗环境，这些都是预防运动损伤的必不可少的最重要因素。

第七章　羽毛球运动训练康复

第一节　羽毛球运动概述

关于羽毛球的起源有许多的版本，最早可以追溯到 700 年前的日本。有文字记载的是 14 世纪至 15 世纪的日本就有类似的羽毛球运动。当时的球拍是木质的，羽毛球是用樱桃核插上羽毛制成。由于这种球太重，球的飞行速度太快，而且羽毛容易损坏，因此只流行几年就逐渐消失了。还有，在 18 世纪的印度也流行一种叫"普那"的游戏，这种游戏与日本的类似，它们的羽毛球与我国的毽子相似，用圆形硬纸板插羽毛制成。羽毛球拍是木质的，没有线，只是木板。另外，中国、泰国等历史资料中也有相似活动的记载，但叫法各不相同，法国称 featherbone，英国称 shuttlecode，印度称 poona，应该说这些都是羽毛球（badminton）的前身。

一、世界羽毛球发展概述

现代羽毛球的起源目前公认是从英国开始的。1870 年，英国军人把在印度学会的 poona 游戏带回了英国本土，作为一种游戏在英国，特别是在英国贵族中逐渐流行起来，并不断改进，研制出了基本类似于当今人们使用的用软木和羽毛做成的球和木结构复杂的球拍。1873 年，一位英国公爵在他位于苏格兰格拉斯哥郡柏明顿庄园里举行了一次意义重大的羽毛球游戏的表演，那次活动非常成功，吸引了很多上流社会的贵族来参加与观看，此后，这项游戏在上流社会中流行开来。后来，人们就把这项游戏以柏明顿庄园来命名，成为当今的羽毛球运动。

由于英国在那个时代有较高的历史地位，羽毛球运动在英国开展起来后，就逐渐流传到英联邦各国和北欧的斯堪的纳维亚半岛，再后来流传到世界各地。1875 年，印度制定了有文字记载的第一部羽毛球竞赛规则，3 年后英国又制定了更加完善和统一的规则，其中的一些内容，如场地的尺寸，在当今的羽毛球规则中还在使用。1893 年，英国成立了世界上的第一个羽毛球协会。1899 年英国羽毛球协会举办了第一届全英羽毛球锦标赛，并规定以后每年的 3 月的最后一周都要在伦敦温布训体育中心举行。这个著名的比赛起初只限于英国本土球员参加，后来也允许英联邦国家的运动员参加这项赛事。在后来的世界羽毛球锦标赛举办之前，全英羽毛球锦标赛的地位与作用就相当于世界羽毛球锦标赛。

1934 年，英国、法国、加拿大、丹麦、新西兰、荷兰、爱尔兰、苏格兰、威尔士等国和地区联合成立国际羽毛球联合会（国际羽联），总部设在伦敦，其第一任主席是英国人乔治·汤姆斯（George Thomas，以下简称"汤姆斯"）。1939 年，主席汤姆斯先生捐献了一个奖杯并试图举办世界男子团体锦标赛，该项赛事也叫"汤姆斯"杯。由于第二次世界大战，第一届世界男子团体锦标赛即"汤姆斯"杯直到 1948 年才在英国的普雷斯顿举行，马来西亚获得了团体冠军。1956 年著名的羽毛球运动员贝蒂·尤伯（Betty Uber）为首届世界女子羽毛球锦标赛捐献了奖杯，故该项赛事也就命名为"尤伯"杯，美国队获首届"尤伯"杯冠军。1981 年，印尼人迪克·苏迪曼（Dick Su Diman）捐献了以他名字命名的第一届世界混合团体锦标赛，即"苏迪曼"杯，首届冠军是印尼队。除了上述团体赛事，国际羽联还举办世界羽毛球锦标赛（单项），世界羽毛球巡回赛，每年共 18 站，年底还有总决赛。1988 年，羽毛球首次在汉城奥运会被列为表演赛事，1992 年，巴塞罗那奥运会中羽毛球成为正式比赛项目。

目前，羽毛球项目在世界范围内广泛开展，受到世界各个国家人民的喜爱。为了更加有利于羽毛球运动在当今世界的发展，国际羽联修改了一些重要的规则，如比分和每球得分制，大大缩短了比赛时间，并在 2006 年把国际羽联改名为羽毛球世界联合会。

二、制约大学羽毛球项目发展中的不利因素

羽毛球运动在高校虽然普及得较为广泛，但也只是从参加的人数、热情、态度方面进行确认。制约大学羽毛球项目发展中的不利因素有以下六点。

（一）高校学生专业技能低

高校学生只是将羽毛球运动作为运动休闲项目，而具有高水平的运动员则少之又少。当前高校中没有专门的羽毛球培训计划，大家也只是处于参与的状态。具有高水平的、高专业素养的运动员大多都是退役运动员，或是从体校途径进入高校的。而由中学通过普通高考进入高校的学生中，很难有达到高水平运动层次的学生，这和我国应试教育体制有着千丝万缕的关系。普通中小学将文化课作为重中之重，而忽略了对特殊才能进行系统、正规的训练，没有为他们将来的长远发展打下良好的基础。学生进入大学后，缺乏基本功的积淀，仅靠后天的发展，很难达到高水平的层次。

（二）高校师资专业素质差

根据对知名高校的近百名体育教师的走访与调查显示，从事三大球及田径专业教学的占 60 % 以上，而进行羽毛球专业教学的则寥寥无几。这就造成了高校体育教师的专业类别与当前高校体育课程开展之间互不协调的状况。现在高校羽毛球队的老师大多是由其他专业的体育老师担任，而这些老师的本专业很少为羽毛球项目，他们缺乏专业的基本技术，而是通过自学或短期培训等种种途径，通过一定的自修以后，便开始从事羽毛球的教学活动。而教师的训练方法与手段、大赛经验、技战术应用、教学感悟等会都因为跨专业而产生较大的隔阂。

（三）高校的羽毛球比赛较少

当今许多高校在开展活动方面经常忽略羽毛球运动，羽毛球被当作休闲性项目。学校组织最多的是三大球及田径比赛。据统计现在全国只有一项高校羽毛球锦标赛，而缺少一个为许多羽毛球爱好者提供展示的平台。大学生

运动员参赛的机会少，这在某种程度上也会影响大学生羽毛球技能的进步与发展，极大地影响了大学生运动员的训练积极性。

（四）高校学生认识不够

羽毛球在我国高校的课程设置中属于必修课，虽然羽毛球运动具有很多的优点，但不难发现，许多学生并未采取正确的态度对待体育课。学生并不关注通过羽毛球运动可以学到什么运动技术和羽毛球运动有什么好处，单单只是为了拿学分，至于选什么项目则更是随意性较大。许多学生认为羽毛球课在室内上，很清闲，不用受风吹雨淋，而且很容易掌握。这部分同学平时不太爱运动，学习积极性也不高，他们并没有认识到体育课开展的必要性和功能性，只是千方百计地偷懒，并不能感受到运动的乐趣，而羽毛球运动的作用也无从体现。

（五）受实际问题的制约

通过对几所高校进行调研，笔者发现大部分的学生对学校目前的场地设施不是很满意。很多学生没有进行活动的场地，而他们认为学校体育设施的利用率并未达到预期的效果。从进行的调查情况看，当前高校运动场地的格局中，篮球、排球、足球三大球场仍占据较大比重，而羽毛球运动场地不仅占地面积小且偏远，而且场馆的建设、场地的安排极不平衡。面对庞大的学生群体，这些场馆设施是完全不够的。高校的体育经费数量有限，投入体育教学中的经费更是有限，而投入各个项目的建设中的费用也是此消彼长的。一些地区的高校的羽毛球课还深受到季节、气候等因素的影响，有时甚至无法正常地安排羽毛球教学。随着办学规模的不断扩大，高校许多体育硬件设施也得以更新换代，但羽毛球运动的场馆设施却一直维持原状，一些设备早已破旧残缺，但并未得到及时修复。这样，一些高校的羽毛球课程质量很难得到保证，这样的状况严重地阻碍了高校羽毛球运动的横向发展和纵向深入。

（六）羽毛球运动组织性差

在许多高校中，羽毛球运动虽然具有广泛的学生基础，但整体运动的水平不是很高。把羽毛球作为专项课的高校仅占 30％左右，多数高校只是将羽毛球作为学生休闲娱乐的活动。羽毛球运动在学校中并未得到正确的认识，高校的羽毛球运动则由学校羽毛球协会具体组织。羽毛球协会的发展多数由学生组织、安排，依靠的资源与所具有的能力也十分有限，再加上学校各方面条件因素的制约，羽毛球协会开展与普及羽毛球运动也是十分有限的。当前，各大高校组织的羽毛比赛形式比较单一，宣传力度较小，羽毛球爱好者之间的联系沟通也较少，许多高校历年来就很少或几乎不组织这类比赛，仅有的比赛无论规模还是所达到的效果都是极其有限的。而当前羽毛球组织的乏力与学生对羽毛球运动的热忱形成了鲜明的对比。这样单一的组织机构与组织形式，也在一定程度上阻碍和限制了高校羽毛球运动的普及与发展。

三、发展羽毛球运动路径研究

发展羽毛球运动的路径将从下面五个方面进行研究。

（一）优化高校师资队伍

教师作为教学活动的灵魂人物，对羽毛球运动发展水平的整体提高具有较大的指导作用，这就要求教师首先应努力提高自己的业务水平，练好扎实的基本功。其次要充分吸收外界优秀成果，要多与体工队、俱乐部等专业运动队联系，学生体育协会、体育局等上级主管部门要多派教师与专业运动员进行交流、学习，学习科学的教学理念，采取正确的训练方法，从基础上提高高校教师的自身素质。这样就会使任课教师不论是理论知识还是技术水平，都有较大程度的提升，优化现有师资专业结构比例。

（二）合理安排高校体育的投入

由于其特殊性，高校对于体育运动经费的需求愈加突出。学校对于体育方面的总体支出是固定的，而且数目也不是很大，这就需要学校领导在经费的使用上进行合理的分配，给予羽毛球运动经济上的支持，完善羽毛球教学和训练所需的场馆、器材等方面的建设。外部硬件设施的完备，对于羽毛球运动的顺利推行无疑会起到非常重要的作用。高校羽毛球队为了进行一些比赛，需要购买器材、训练服装等，这需要学校给予必要的训练经费。这样的训练环境和训练条件为大学生技能水平的提升增添了无限的动力，相信这也是高校羽毛球队取得优秀成绩的一个必备因素。

（三）注重羽毛球运动的年轻化培养

体育运动项目应从娃娃抓起，羽毛球运动也不例外。12岁被认为是掌握运动技术的黄金年龄，学生应从小进行专业的指导和系统训练。早期的训练不仅是对学生基本技能的培养，还可以开发学生潜在的能力，在此基础上增加孩子的体育兴趣，使学生无论是在意志品质，还是在心理发展方面都得到长足的发展。在中小学建立运动队，让这些孩子从小在普通中小学接受系统、正规的训练，学生掌握了良好的运动技能，在步入大学以后，继续进行全面的、系统的训练，学生的运动能力会得到进一步的提升与发展。

（四）合理配置场馆设施

场馆设施作为高校学生活动的主要场所，应该对其进行合理规划。在运动体育场地建设中，各项体育运动比例结构应该更加科学，更适应高校改革发展的需要。原有羽毛球馆的投入所占比重较小，场地有限而且设备老化，难以满足广大学生对羽毛球运动的要求。运动场馆的布局，要打破以往以足球、篮球等大项为主的局面，要充分结合广大学生的要求，适当增加羽毛球场地的建设，扩大球场面积，在原有开放时间的基础上，延长开放时间，满足喜欢羽毛球活动的高校学生，从而形成良性循环。

（五）提高羽毛球组织的效率

羽毛球协会作为高校活动的重要团体组织，对推进羽毛球运动发展具有重要作用。羽毛球协会应组织高校羽毛球爱好者与企事业单位、社会团体的爱好者相互联系，丰富、灵活地开展羽毛球活动。羽毛球协会还应建立完善的部门机构，分管各项事务，合理安排现有场地，增加场馆的使用效率。除此之外，羽毛球协会还可以聘请一些羽毛球明星运动员进行联谊，扩大羽毛球的影响力，打造高校羽毛球的运动品牌。羽毛球协会还要与其他运动团体随时保持联系，使比赛、场馆等能得到合理的分配与使用。

第二节　羽毛球运动损伤类型及原因

随着羽毛球运动的不断普及与提高，损伤也随之成为困扰羽毛球爱好者发挥技术水平的心理障碍。根据对羽毛球常见运动损伤的调查分析可以发现，羽毛球运动中膝关节损伤相对其他部位损伤排在靠前的位置。因此，如何治疗因羽毛球运动造成的损伤，已成为羽毛球运动员及爱好者关注的话题。

一、运动损伤的概念界定

运动损伤是指在体育运动的过程中所发生的各种损伤，它包括组织或器官在解剖上有破坏或生理上的紊乱。骨性损伤、肌肉拉伤、关节扭伤，是运动中最常见的运动损伤。羽毛球运动属于隔网对抗性的运动项目，经常是以竞赛的方式进行。训练水平不够、身体素质差、动作不正确、缺乏自我保护能力、运动前不做准备活动或准备活动不充分、身体状态不佳、缺乏适应环境的训练，以及教学、竞赛工作组织不当都有可能产生运动损伤。运动损伤中急性多于慢性，急性损伤由于治疗不当、不及时或过早参加训练等原因可转化为慢性损伤。

二、大学生羽毛球运动损伤特点

大学生有着独特的生理、心理特点，针对这一客观原因，笔者对校羽毛球协会和体育学院羽毛球专修、选修的学生做了一个关于羽毛球运动损伤情况的问卷调查，该问卷调查主要涉及参与羽毛球运动造成损伤的具体受伤部位、受伤后的症状、是否处理损伤及具体的处理方法，旨在找出大学生羽毛球运动损伤的高发部位，了解伤后的处理方法是否得当，从而紧密结合事实，给出切实可行的预防措施。

（一）体育教育专业羽毛球运动损伤情况

据调查，体育学院专、选修学生羽毛球运动损害有以下特征：肩关节损伤占 31.6 %、肘关节损伤高达 55.3 %、腕关节损伤占 15.8 %、膝关节损伤占 23.7 %、踝关节损伤占 15.8 %、手脚起泡占 42.1 %。由此可见，肘关节是体育教育专业羽毛球运动损伤的高发部位，主要是体育教育专业学生肌肉力量相对于其他非体育教育专业学生大。但是由不正确的击球动作导致的踝关节损伤的发生率较小，主要是体育学院学生基本都有较为专业的羽毛球鞋，能够对踝关节起到较好的保护作用。由以上数据可见，体育学院羽毛球专、选修学生羽毛球运动损伤情况较多，由于学生长期接受各科目高强度的运动训练，有较好的肌肉力量、爆发力等身体素质，也由于长期参加高强度的运动训练，身体有一定的运动损伤也是符合情理和客观规律的。

（二）本校非体育教育专业羽毛球运动损伤情况

据调查，非体育教育专业（主要涉及部分羽毛球爱好者、校羽毛球协会部分成员）学生的损伤情况不容乐观，主要损伤集中在肩关节、肘关节、腕关节，以及摩擦导致手掌、脚底起泡，且发生率都很高。其中，手脚起泡这一类开放性损伤的发生率高达 79.5 %，肘关节和膝关节的损伤率分别达 74.4 % 和 69.2 %，其损伤率远远高于体育教育专业学生。通过调查分析得出，非体育教育专业羽毛球运动损伤产生的原因主要是学生不具有较强的自我保护意识、缺乏运动前必要的一些准备活动、运动器材（羽毛球拍、羽毛球鞋）不合适、羽毛球动作不规范或者直接错误。确切地说，体育教育专业学生的运动损伤和非体育教育专业学生的损伤略有差别，而造成以上两者差别的根本原因在于两者运动年限的不同，对体育运动认识上存在差异，体育教育专业的学生对运动的认识及对运动损伤的认识更为专业一些。

三、羽毛球运动肩关节的损伤成因分析

肩关节是人体典型的球窝关节，稳点性较高，且高校大学生年龄一般都已经到了 20 岁，身体各个器官基本发育成熟，关节稳定性较高，在羽毛球

运动中一般不易脱臼。肩关节的运动损伤主要表现为肩关节肿胀感、肩关节韧带拉伤、肩袖损伤。对于肩袖损伤，更多的原因在于运动动作不正确，并且长期使用不正确的动作击球，经过一段时间的慢性积累，最终导致肩袖损伤，这种情况发生在正手击球动作、上手发球动作及高压球动作上。肩袖损伤产生后肩关节有强烈的不适感，并且伴随活动障碍，在停止羽毛球运动一段时间后症状会有改善，并且会消失，但是当再次参加羽毛球运动后，又会复发。

四、羽毛球运动肘关节的损伤成因分析

肘关节是复关节，结构比较复杂，羽毛球运动中常见的损伤主要是肱骨上髁炎，又俗称羽毛球肘。羽毛球肘主要是击球动作不正确造成的，在击球过程中，手掌过度向上翻、向后弯曲频繁，手腕处反复的错误动作导致肘关节处的肌肉和肌腱长时间违背生理学上的受力特点，上手发球时扭转手腕加一些旋转，反手击球动作击球时机过晚，等等，都是导致羽毛球肘的重要原因之一。相对于其他损伤，羽毛球肘的危害还是不容小觑的。

五、羽毛球运动膝关节的损伤成因分析

膝关节是一个很复杂的关节，是由股骨的远端、胫骨的近端和髌骨组成的一个承重的大关节，股骨和胫骨由交叉韧带连接并加固，关节外围由关节囊包绕，关节囊的两侧是两条副韧带。此关节上下杠杆长，而周围肌肉小，因此是运动中最易损伤的关节。

（一）羽毛球运动中导致膝关节运动性损伤的原因

（1）不正确的技术动作引起膝关节损伤。训练和比赛中技术动作转换快、变向多、应变多，如果运动员不会自我保护就很容易受伤。最常见的技术动作是不正确地前冲、止动和回动时外翻，以及屈伸时关节头和关节窝不断摩擦引起膝关节内侧韧带和软骨损伤，膝关节半月板损伤，创伤性滑膜炎和髌骨劳损，等等。

（2）股四头肌力量不足。股四头肌及其肌腱参与构成膝关节囊的前部，股四头肌肌腱止于髌骨上缘，通过髌骨借髌韧带附于胫骨粗隆，是伸膝的主要装置。启动、止动及半蹲准备姿势主要依靠股四头肌来完成。另外，股四头肌是稳定膝关节的重要因素，股四头肌力量弱，承受牵力小，相对负荷大，就会引起膝关节劳损产生伤病。

（3）长期大运动量训练引起膝关节慢性劳损，膝关节长期反复屈伸、摩擦造成关节面的磨损及韧带变性。据统计，膝关节劳损的运动员专业训练年限一般在 4 年以上，随着训练年限的增加伤病明显增多。

（4）场地设施条件不符合运动的要求。场地太硬或凹凸不平，往往也会导致膝关节的损伤。

（5）准备活动不充分，运动员情绪低落和身体处于疲劳状态。此时进行运动训练，对运动员膝关节伤病的发生有直接或间接的影响。

（6）膝关节伤后未完全恢复。运动员膝关节出现伤病后需要一定的时间恢复，如果过早地投入训练，急性损伤可转为慢性损伤，所以要把握训练的时机。

（二）羽毛球运动中运动员常见的几类膝关节损伤

膝关节是人体最重要的关节之一，承受着人体自身的重量，人体膝关节属于平面关节，其稳定性较弱，主要依靠韧带、半月板维持基本的稳定。在羽毛球运动中，由于羽毛球运动的特点，运动员需要做到快速启动、紧急变向及紧急停止等活动，加上身体自重及来自地面的冲击力，致使膝关节承受了很大的力量，稍有不慎就会造成膝关节韧带拉伤，严重的会导致膝关节韧带断裂，造成极大的伤害。由于羽毛球运动的特点，在整个羽毛球动作技术中，除羽毛球上手发球、高压球技术外，其他很多动作都使膝关节处半蹲位，经常在 130° ～ 150° 进行发力或移动。这个角度伸膝的力量最大，关节活动最有利、最灵活，但此时关节稳定性下降，膝内、外侧副韧带松弛，关节的活动极易使髌骨软骨面因"不和槽"受到"捻伤"和"挤压"，从而造成髌骨劳损症，影响膝关节的正常功能。

（1）髌骨软骨软化症：一般指膝关节在半蹲位劳累的损伤病史，髌股关节面发生龟裂、剥脱、变形、软化、退行性改变。检查时可出现髌骨压痛，以及髌骨周围指压痛、摩擦音等症状。

（2）膝痛、膝软：开始时仅在上下楼或上下爬坡时出现膝痛、膝软，休息后很快消失，过一段时间后，症状逐渐加重。做准备活动时，出现膝酸痛和膝软，活动开始后，全身发热就不痛了，活动后膝痛又加重。膝痛程度与大气寒冷明显有关，经常误诊为风湿病或风湿性关节炎。

（3）关节卡住症状：当发生髌骨软骨面不平时，在膝关节活动时，可出现清脆的响声或卡住症状。

（4）半蹲痛：它是髌骨软骨病的重要症状。当膝关节完全伸直或快速全蹲时，则不出现疼痛。

（5）膝关节畸形：当髌骨软骨病达到严重程度并伴随退行性病变后，可出现膝关节畸形。

（6）膝关节韧带损伤：膝关节的内外两侧有副韧带加固，以限制膝关节的外翻或内翻，保持膝关节的稳定性。内侧副韧带呈底向前的三角形，桥架于股骨内髁与胫骨内髁之间，比较薄弱。根据羽毛球运动技术的特点，膝关节内侧副韧带更容易受伤，还有就是膝前交叉韧带的扭伤。伤后膝内侧剧痛，随即又可减轻，之后疼痛又逐渐加重，膝关节不能完全伸直，往往保持在 165°～170° 屈曲位，内侧有压痛、肿胀，膝关节伸直、小腿外展时，疼痛加剧。如果内侧副韧带撕裂，出现皮下瘀血；深层断裂或合并半月板或十字带损伤，膝关节出现血肿。

（7）髌骨劳损：在大运动量训练、比赛后感到膝痛和膝软，但休息后症状多可消失。随着病变的进展，疼痛加重。髌骨深面前有指压痛，半蹲试验和髌骨研磨试验呈阳性。

（8）膝关节损伤性滑膜炎：膝关节由于长时间大强度的屈伸、扭转，滑膜与关节面之间不断地摩擦、挤压，导致滑膜充血、水肿，引起关节肿胀，成为单纯性滑膜损伤。肿胀是滑膜损伤的主要症状，训练后肿胀明显，休息后肿胀减轻。活动不灵活，自觉膝关节下蹲时胀满不适或屈曲受限，关节无力，且推挤试验和浮髌试验呈阳性。

（9）半月板损伤：膝关节在屈伸过程中，小腿相对固定，而大腿突然旋转或内翻时，由于人体重力作用线通过膝关节，产生研磨及撕裂的力量，容易伤及关节内未能迅速滑移的半月板。例如，羽毛球跳起扣杀球落地瞬间，突然转身上网容易使半月板损伤。损伤初期关节有明显的疼痛肿胀，后期疼痛和肿胀可逐渐减轻，牵扯滑膜出现少量积液，关节出现"交锁"现象，关节屈伸受限，慢性期因半月板异常活动，摇摆性试验、挤压试验、蹲走试验均呈阳性。

六、羽毛球运动腕关节的损伤成因分析

一只合格的羽毛球拍重量一般都在 260～320 g。羽毛球拍重量较大，尤其是对于普通非体育教育专业的学生来说，若腕部力量不足，在击打羽毛球时，羽毛球的冲击力致使羽毛球拍面发生较大变化，他们的腕关节会因突然受力容易导致韧带拉伤。腕关节损伤主要发生于羽毛球正手击球及截击技术上。在造成腕关节损伤的原因中，手腕力量不足是最主要的因素之一。部分学生的损伤是由动作的不规范造成的，在打羽毛球时拍面无法固定或者不正，手腕关节承受较大的负荷和不必要的拉伸，致使腕关节损伤。羽毛球高压球也是腕关节损伤的高发动作，高压球时动作不规范，发力顺序不正确，还有一部分学生由于无法掌握高压球击球时机，球达不到羽毛球拍的前面位置，使羽毛球拍受力不均衡，拍面突然变化将冲击力传递到手腕，久而久之造成损伤。

在羽毛球健身运动中，手腕关节损伤是较容易出现的损伤，由于羽毛球的技术要求，无论是击打、扣杀，还是吊、挑、推、扑、勾球，手腕都要有基本的后伸和外展的动作，然后随着不同的技术要领手腕快速伸直闪动鞭打击球或手腕由后伸外展到内收，内旋闪动切击球，手腕在这种快速的后伸、鞭打动作中，还不断做出不同角度内、外旋及屈收动作，会使手腕部的薄弱环节三角软骨盘不断受到旋转继而造成损伤。究其原因主要有以下四个方面。

（一）准备活动不充分

很多爱好者表示对羽毛球运动之前的准备活动不了解，也不太重视。在运动前对自身、对热身活动要求不高，大多数以两人对打（简单的、节奏慢的发球和接球）为主。其他不充分的准备活动包括围绕羽毛球运动场地慢跑几圈、随意地伸展或拉伸四肢。科学、系统地对四肢关节，特别是对手腕进行活动和拉伸的占少数。正是没有进行科学的准备活动就开始羽毛球运动，才使手腕部位没有充分活动就开始进行剧烈的活动而导致手腕关节损伤。

准备活动是大多数的羽毛球运动爱好者在打球中最易忽视的问题。许多爱好者运动之前几乎没有针对性的热身。羽毛球运动是一个发动和利用全身各部位关节、韧带和肌肉的运动，上网和后退步伐快速和大幅度的要求与关节、韧带、肌肉充分活动有关。有针对性的准备活动能预先升高参与活动的肌肉的温度，体温提高了，便可减小肌肉与韧带的黏滞性（减少阻力），增加弹性，并促使关节囊分泌更多的滑液，以减小关节的摩擦力，加大关节的灵活性。这些变化可以加大人体运动的幅度，提高速度、力量、灵敏和柔韧性等，从而预防肌肉、韧带和关节的损伤。准备活动使预先进行的肌肉活动在大脑皮层相应中枢留下痕迹，这一痕迹效会使运动中枢神经细胞的兴奋性先期提高，使神经系统对肌体各器官的调节功能更为有效，使身体更灵活，由此可见准备活动的重要性。

（二）羽毛球技术不好导致损伤

在羽毛球运动中，错误的动作也是导致损伤的一个原因。羽毛球运动对场地器材要求不高，有些爱好者只要手中有羽毛球拍和羽毛球，随便在一块空地中两个人就可以对打起来。羽毛球运动对手腕的要求高，在激烈的对抗过程中因发力不对、击球方法错误等技术因素导致手腕损伤的羽毛球爱好者不占少数。

大多数羽毛球运动参与者没有接受专业的规范动作训练，运动中有许多错误的动作。这些错误的动作违反了人体结构的特点和各器官系统功能活动的规律，以及运动力学原理，极易引起机体组织损伤，尤其是初学者，神经活动的兴奋和抑制过程不均衡，分化抑制的能力差，学习动作时常常掌握不好动作要领，容易发生各种不规范、不协调，甚至错误的动作，从而造成损伤。

（三）因爱好盲目运动损伤

羽毛球的竞赛性是吸引人们参加羽毛球运动的重要条件，与水平超过自身的选手对抗能极大地促进运动水平的提高，但是作为这项运动的初学者，有些人往往因为球感好、技术掌握速度快，忽略正确的手腕技术定型，进而引起手腕部的损伤。有些爱好者在运动前不注重服装规范，有些人穿着休息衣服，更有人穿着皮鞋或高跟皮鞋就参加到羽毛球运动中，这样就不可避免会造成脚踝、手腕的损伤。

（四）其他因素

1. 硬件条件

在羽毛球运动中，羽毛球的场地硬件条件差也是导致羽毛球损伤的一个方面，在运动中手腕会不小心碰到场地面受伤。另外场地不规范，如地面不平整、光线不均衡，以及刮风下雨等客观因素也会或多或少导致运动损伤。

2. 身体素质差

由于业余羽毛球运动人群选择羽毛球运动的主要目的是健身，他们的训练是不系统的，尤其是在身体素质提高方面。但是他们在羽毛球运动中，经常想发力，做大跨步、跃起扣杀等这些需要以良好身体素质作保证的动作，各关节、肌肉要在短时间内承受较大的力量与负荷，但缺少相应的素质而用力过猛，最后导致损伤。显然，对于业余羽毛球运动人群来说，一些高难度动作是难以完成的，做这些动作的强度超出了他们关节、肌肉承受的负荷强度，会造成不同程度的损伤。

运动量的安排要在锻炼者可以接受的范围，运动强度过大也是运动中造成运动损伤的主要原因之一。在运动中一定要量力而行，察觉到体力不支的时候立即休息。羽毛球爱好者常常会因为自己想打而忽略了身体情况。在自身睡眠休息不足、疲劳、患病带伤或伤病初愈阶段，或在不良心理因素导致的情绪低落、害怕、紧张使生理功能和运动能力相对下降的情况下参加剧烈运动，容易因肌肉力量较弱、反应迟钝、身体协调性差等因素导致急性损伤，如肌肉拉伤、关节扭伤等。

训练之后不做放松运动也是间接导致运动损伤的原因之一，主要属于慢性的累积。运动后的放松运动对肌肉及各部位关节、韧带的恢复具有积极作用。打完球不做放松运动会使肌肉一直处于紧张状态，不利于运动后各关节部位的恢复，长此以往很容易造成机体的慢性损伤。

3. 思想原因

思想原因是造成运动损伤的主要的原因之一。一些参与者不太重视锻炼的目标和方法，不能有效地控制情绪，导致动作过大过猛，容易受伤。锻炼者本人缺乏必要的监督和指导，对预防运动损伤的目的不明确，急于求成，忽视体育锻炼中循序渐进和量力而行的原则，没有采取安全措施，轻视运动损伤带来的伤害或根本没有意识到运动损伤，麻痹大意，盲目、冒失地进行体育锻炼。这些思想原因也会造成运动损伤。

七、羽毛球运动踝关节的损伤成因分析

羽毛球运动中踝关节的损伤情况不多见，以轻微的扭伤为主。由于羽毛球运动中包含很多的侧向移动、急停和急走，踝关节承受较大的力量。因打球者没有穿专业的羽毛球鞋，踝关节无法得到保护，也是踝关节损伤的一个主要原因。此外，羽毛球场地地面不平整或者地面打滑，也很容易造成踝关节的扭伤。

八、羽毛球运动开放性运动损伤成因分析

羽毛球运动中开放性损伤的发生率很高，主要集中在手脚起泡。羽毛球运动中，手掌是直接接触器材（羽毛球拍）的，球拍的握柄不合适、手胶硬度较高、吸汗性能不好、活动时间较长、动作不正确等情况，以及初学者击球时球拍未握紧，握力较差，又经常打不到球，使球拍把柄与手掌的摩擦转动，

都会导致手掌起泡。而脚掌起泡主要是脚掌与袜子、鞋过度摩擦造成的。

九、运动损伤后引起的运动障碍

人体运动以人体组织器官的结构和功能完整为基础。骨为运动支架，关节为运动枢纽，附着于骨的肌肉是产生运动的动力，在肌腱和韧带等关节附属结构的参与下，在心肺功能的支持下，在神经系统的统一控制与支配下，人体各系统协调配合，才能实现协调运动的目的。任何一个运动环节或要素受损，都可导致运动功能减退或功能障碍。运动损伤导致的功能障碍，因病因和损伤部位不同而呈现多样性。

（一）神经系统损伤所致运动的功能障碍

神经系统由中枢神经系统和周围神经系统组成，神经系统运动区、运动神经元及其神经结构和功能的完整是运动随意、适度、协调、自然的基础。病灶的大小、范围及对神经结构的损害程度，决定运动障碍的形式和程度，可表现为肌瘫痪、肌力减退或无力、痉挛等运动障碍。

（二）肌损伤所致运动的功能障碍

肌损伤是肌运动功能障碍的常见原因，肌萎缩、肌变性和肌挛缩是导致肌运动功能障碍的病理学基础。肌运动异常表现为肌力减退和肌张力异常。肌力减退是最大肌收缩产生的张力减少的状态。肌张力异常有两种，即肌张力增加和肌张力减退。肌张力增强的典型状态有肌肉痉挛及肌强直。肌张力减退时，被动运动所受牵张阻力小，关节活动范围明显增大，可有关节过伸或过屈。

（三）肌腱和韧带损伤所致运动的功能障碍

肌腱是一种致密结缔组织，抗拉伸和滑动功能强，发挥肌收缩的力传递至骨的作用。常见的肌腱损伤分为撕裂伤与断裂伤，可表现为急性或慢性损伤，也可分为完全性或不完全性损伤。韧带的作用在于保护和稳定关节，保证动作在一定范围内有效地完成。外伤和超越正常生理范围的关节运动是导致韧带损伤及其运动障碍的主要原因。常见损伤部位为膝、踝、掌指和指间关节。

（四）对心肺功能的影响

心肺耐力是身体素质的基础，也是决定人体持续活动或运动能力最主要的因素。各种损伤致心肺功能严重降低，将严重影响运动员的最基本的活动能力。在运动损伤后，大部分人选择"静养"来恢复运动损伤。"静养"意味停训，而心肺功能的提高是在长期的训练中积累的。以前训练效应的积累就此中断，随着长时间的停训，心肺功能会慢慢地减退。

（五）感觉和知觉损伤所致运动的功能障碍

感觉是感受器将收集的信息，通过感觉传导系统传递至大脑，并形成相关印象。感觉是人体运动中一个重要环节，在运动调控中发挥重要作用。其中视觉障碍或中枢病变将直接影响运动的质量与运动过程；前庭系统病损，将出现平衡保持障碍；潜、深感觉障碍时，将破坏反射弧的完整性而无法实现有效的反射和反应，从而导致姿势控制、运动及运动协调障碍。而知觉是大脑在对过去的"记忆"基础上，将传来的感觉附加上具体意义的精神现象，这是一个主观的过程，知觉过程障碍将导致失认症和失用症。感觉与知觉的能力在运动训练中体现为灵敏性，故在运动损伤后，这两个方面的能力缺失，会导致灵敏性的下降，进而会影响协调性。

综上所述，神经系统损伤所致运动的功能障碍最为严重也较难治疗，肌损伤所致运动的功能障碍和肌腱、韧带损伤所致运动的功能障碍比较常见，往往能够及时发现并得以治疗，但如果运动员想要使肌力达到专项训练的水平，还需要依赖治疗后的体能康复训练。对心肺功能的影响，以及感觉、知觉损伤所致运动的功能障碍具有长期性和内隐性，较难发现，应该引起足够的重视，运用体能康复训练来进行恢复是必不可少的。

第三节　羽毛球运动康复训练方法

羽毛球运动深受大学生喜爱，但如果运动不当，常会导致身体各部位出现运动损伤，从而影响学习。其预防措施有四点：一是要掌握规范的动作技术；二是要加强对运动创伤的认识，自觉进行预防；三是在运动前应做好充分的准备活动；四是在身体疲劳或已经带有伤病的情况下，应停止运动，等待恢复。

一、手腕部位损伤及预防治疗方法

1. 原因与病理

羽毛球运动中，腕部三角纤维软骨盘损伤的发生，绝大多数是由慢性损伤或劳损所致。主要是因练习中前臂和腕部反复的旋转负荷过度，使软骨盘长期受到碾磨或牵扯，以及桡尺远侧关节受到过度的剪力作用而引起。而准备活动不充分、握拍或击球技术存在问题、前臂与腕关节柔韧素质较差等，也是造成损伤的原因。

2. 症状与诊断

手腕部位损伤表现为腕关节尺侧或腕关节内疼痛，腕部感到软弱无力，当前臂或腕部做旋转活动时，疼痛加重。检查时，多无腕部肿胀，压痛点多局限于尺骨茎突远方的关节间隙处和桡尺远侧关节背侧间隙部，腕关节背伸尺侧倾斜受压时，即可出现疼痛。

3. 处理与伤后恢复练习

感觉到疼痛后要及时治疗损伤，应暂停或控制腕部运动。轻者可局部外敷消肿止痛中药，同时给以适当固定；疼痛严重者可在痛处和关节内注射肾上腺皮质激素类药物。将前臂固定于中立位并限制腕与前臂的旋转活动，一般都能取得良好的治疗效果。在伤后康复和练习安排时应注意，伤者在进行练习时，所佩带的保护带应对腕关节背伸和旋转活动有较大限制，如带上护腕或在护腕外加弹力绷带加以包扎，并要量力而行以防再受伤。可用小哑铃或沙瓶负重做腕部练习，增加腕部力量。次数与重量根据个人情况而定，以每次练习出现臂酸胀为止，或者用加重球拍绕"8"字练习，以加强改善腕部的肌肉活动能力，同时还可以发展手指力量，并在运动时带上护腕或用弹力绷带加固，以加强对腕关节的保护。

4. 预防

合理安排腕部的局部负荷，加强前臂与手腕的力量练习和柔韧练习，佩带护腕，运动前做好局部准备活动，改进和提高握拍和击球技术等。打球者应根据自身力量，选择重量合适自己的羽毛球拍，力量较弱的，选择重量在260 ~ 320 g 的羽毛球拍，力量比较好的可以酌情增加，也可以在羽毛球拍上加减震条，适当减少羽毛球拍的磅数来减缓击球时的冲击力，来保护腕关节。可以用哑铃做转腕动作来加强腕关节力量，平时也可以拿一个废旧的羽毛球在手上用力捏，该方法对加强手掌、指关节的力量和稳点性也有很好的作用。打球者要严格规范自己的动作，大多数羽毛球击球动作腕关节都是处于紧张状态的，正确的技术动作一定是符合人体相应工作原理的。

二、肩部损伤及预防治疗方法

1. 原因与病理

肩部损伤大都因为接、击后场球（如大力扣杀或绕头顶扣杀及滑板等）造成伤害。无数次的抬肘后引、肩关节外展再内旋使得肩袖肌腱受到多次、反复的碾磨或牵扯，因局部负荷过度，产生微细损伤，逐渐劳损引起了肩袖的损伤。肩袖也是肩关节损伤的主要部位。另外，技术动作存在问题、错误的准备活动、准备活动不充分、肩部肌肉差、肩关节柔韧性不佳等因素也是导致肩袖损伤的一些因素。

2. 症状与诊断

肩部损伤后的症状可分为肩痛、疼痛弧、压痛。其中肩痛多为肩外侧痛，在肩关节外展或同时伴有内、外旋时往往出现疼痛。疼痛弧表现为肩关节外展 10° ~ 120° 的弧度时出现疼痛，超越 120° 后疼痛消失，肩部放下至120° 以下时疼痛又显现。而压痛则表现为在肩峰下肱骨大结节处有压痛。

3. 处理与伤后恢复练习

出现损伤后可采取的处理方法有理疗、针灸、按摩、外敷膏药或局部药物封闭注射等，这些方法均能取得较好的效果。除此之外，一定要注意适当休息并避免肩部超范围的急剧转动活动，可慢慢地开始练习肩关节的绕环及旋转活动，但应避免引起疼痛或会使损伤加重的一些动作。另外，在伤后练习与康复中，要注意发展肩带小肌肉群的力量和柔韧性，在加强肩袖肌群肌力练习时，宜采取上肢外展 80°～90° 的屈肘静力负重练习，负荷重量因人而异，重量由轻到重逐渐递增，时间以 30～60 秒或以不能坚持为准。加强肩部力量训练及肩部的柔韧伸展训练，用一定重量的物品置于肘部，平举至与肩同高，持续 1～2 分钟为一组，每次 4～6 组，每组间歇时注意放松，放松时肩部进行正压、反拉及前后绕环练习。

4. 预防

充分做好准备活动，及时纠正错误动作，注意发展肩部肌肉力量和肩关节的柔韧性（特别是肩部小肌肉群），合理安排局部负担量。运动前做好热身准备活动，充分活动好关节，做适当的韧带拉伸运动、适当的俯卧撑和肩部绕环等来充分活动关节。加强对肩关节的力量训练，多做俯卧撑等运动，加强三角肌、胸肌、背部肌肉及深沉肌群的力量，提高肩关节稳定性。如果发现有损伤，要积极、及时地进行治疗，避免损伤积累导致更加严重的损伤发生。

5. 羽毛球肩关节受伤康复训练方法

（1）扶墙法：身体紧靠墙体，双手拿 2 m 长的木头棍，然后分别持握两头，把受伤的肩关节面对墙壁，用力缓慢压肩关节，尽可能拉伸肌肉，保持 20 秒后再反复 3～5 次同样动作。

（2）拉毛巾法：双手拿着一条毛巾，受伤肩关节的手抓握住毛巾上头，另外一只手抓紧毛巾下头，然后放在后背处进行 3～5 组、每组 10 次的拉伸动作。

（3）双手互握摆动法：双手十指交叉互握住，然后用力顶推掌心连做上举、平举、下举动作 20 次或者受伤肩关节掌心向下，放置于腱肩之上，另一只轻轻地托起受伤肩关节直至最高位置处保持 20 ～ 30 秒，后重复 3 ～ 5次同样动作。

（4）压墙法：把受伤肩关节伸直放在墙壁上，身体紧靠墙体，然后肩关节慢慢地沿着墙体尽可能向上触摸到最高处停留 10 ～ 20 秒，同样动作重复 3 ～ 5 次。

（5）持小哑铃伸展法：让受伤的肩关节的手抓握一只小哑铃，并且始终保持手臂伸直至侧平举位置，反复做 10 ～ 30 次的侧平举动作。

（6）推墙法：身体面对墙壁站立，双脚与墙壁保持两个脚长度，然后把双手平举放在墙体上连续做推墙练习动作，重复 10 ～ 30 次。

（7）拉弹力带法：把弹力带一头固定在某物体上，然后背向弹力带站立好，用受伤肩关节的手拉住弹力带的另一头，手臂尽可能伸直拉紧弹力带，每组 10 次 3 ～ 5 组。

（8）力量增力法：双杠弯曲、伸展支撑；单杠悬垂拉伸；哑铃平举、扩胸、上举动作；持小哑铃摆臂；杠铃抓举、推举等动作。

三、手肘部位损伤及预防治疗方法

手肘部位的损伤主要为"网球肘"，学名肱骨外上髁炎，是所有持球拍类运动中最常见的损伤。

1. 原因与病理

前臂后群控制伸指、伸腕的主要肌肉都以一个共同的腱即伸肌总腱起自肱骨外上髁及邻近的深筋膜，包绕在肘关节周围。羽毛球运动中，正手击球时前臂旋前、闪腕、用力抓握球拍，以及反手击球时伸肘、伸腕等动作，均会撕扯伸肌总腱。虽然单次撕扯损伤很轻微，但这些肌肉反复收缩、牵拉肌肉起点，会造成积累性损伤，导致局部无菌性炎症（包括局部出血粘连、瘢痕形成、微小撕脱骨折、毛细血管疼痛症，甚至滑膜嵌夹等）。

2. 症状与诊断

常表现为在完成扣杀或抽球、快打时，动作质量不高。损伤部位有明显压痛，当肘关节被动外展外旋或屈肘屈腕，前臂旋前抗阻力收缩活动时（检查内侧伤），以及当腕关节背伸前臂旋后抗阻力活动和肘关节稍弯曲、手半握拳，腕关节尽量掌屈，然后前臂旋前并逐渐伸直时（检查外侧伤），均可出现疼痛明显加重。如在检查时发现肘关节有松动，侧扳肘关节间隙加宽或外内翻角度增加，或出现肌肉上端有凹陷或裂隙等现象，则表明肌肉韧带有完全断裂之可能（内侧伤者多见）。

3. 处理与伤后恢复练习

伤后应以理疗、按摩、针灸治疗为主。对有肌肉韧带断裂或伴有撕脱骨折者，宜进行手术缝合术等。在伤后练习与康复安排时，应尽量停止进行容易再伤或加重损伤的一些动作的活动（如正反手的扣杀、抽球等），一般需2～3周的时间。应佩带护肘或弹力绷带并要加强前臂肌肉群的力量练习和伸展性练习。对肘内侧软组织损伤者，特别是肘关节有一定松弛者，进入正式练习的时间更应长一些，否则很容易出现再损伤和肘关节的进一步松弛，从而发展成慢性劳损，甚至成为骨关节病。上课前充分活动各关节，练习前要挥几分钟空拍，刚开始打球时要逐渐加力，特别是冬季天冷时。加粗拍柄，一般来说厂商出产的拍子总是出最细的，目的是适应大众，但对于大部分学生来说它们太细，握紧时肘部肌肉负担过重，加粗后可以明显减轻肘部肌肉负担。戴个护肘。握拍要放松，击球时肘部不要过直。逐步增加力量练习。此外，肘疼往往是在突然加大运动量时出现，应避免打球时间突然加长。

4. 预防

充分做好运动前的准备活动，合理安排运动量，避免肘部过度活动。练习后，强调做肘部的自我按摩，以消除疲劳，提高自我保护能力。初学者在选择羽毛球拍时，应选择适合自己手型的羽毛球拍拍柄，另外手胶也应该及时进行更换。在进行动作定型时，要严格按照羽毛球教练或者老师的动作要求，不可出现击球时手掌向上、向后弯曲频繁、随挥动作不完整，以上错误动作都会直接或者间接地加重肘关节负荷，肘关节损伤的概率就会加大。另外，对于经常打羽毛球的学生来说，日常羽毛球运动不要过于随便，动作懒散不到位也会导致肘关节损伤的发生。可以采用双手握力练习来加强前臂肌群力量的训练。

四、腰部损伤及预防治疗方法

1. 原因与病理

羽毛球爱好者大多是由于疲劳积累、局部劳损或慢性细微损伤而逐渐形成腰肌劳损。一般是在起跳扣杀、过分伸脊柱、左右跨步、前后移动回球、过分扭转躯干时，腰部活动过于频繁，负荷过大或过集中，突然的爆发用力超越了躯干一时所能承受的能力，所做动作超越了脊柱的功能范围，再加肌肉力量差，便容易造成急性损伤，而腰部损伤后，如未及时、彻底治愈，训练时又不注意自我保护，则容易使急性损伤逐渐转化成慢性损伤。

2. 症状与诊断

疼痛：轻伤时常无疼痛，过后或次日晨起时觉腰痛。重伤后即疼痛，甚至在发生扭伤一瞬间，或有一响声，疼痛亦较剧烈。若腰痛伴有小腿或足部放射痛及麻感，在胸腹内压力改变（如咳嗽、打喷嚏、大便）时串痛，麻木加重，则有可能是腰椎间盘突出症，脊柱生理弯曲改变，可出现侧弯、腰曲减小或消失、腰部活动障碍和肌肉痉挛。如果腰背肌拉伤，则在弯腰和侧屈时疼痛，并在抗阻伸脊柱活动时出现伤处疼痛，损伤的局部一般都有较明确的点压痛。椎间关节扭伤或错位、椎间盘髓核突出症的患者，常伴有患部棘突偏离正中线。

3. 处理与伤后恢复练习

针灸、按摩、外敷新伤药，内服跌打伤药，必要时可采用痛定封闭等。伤后练习时，如练后无明显加重，可按原计划进行练习。康复练习时，以加强躯干肌的力量和柔韧性为主，腰肌强壮了，腰椎自然也就不易受伤了，可以采取燕飞和五点支撑的方法锻炼腰肌，具体方法如下：一是"燕飞"，俯卧床上，去枕，双手背后，用力挺胸抬头，使头胸离开床面，同时膝关节伸直，两大腿用力向后也离开床面，持续 3～5 秒，然后肌肉放松休息 3～5 秒为一个周期。二是"五点支撑"，对腰肌力量较弱或胖人来说，此方法较轻松。仰卧在床，去枕屈膝，双肘部及背部顶住床，腹部及臀部向上抬起，依靠头部、双肘部和双脚这五点支撑起整个身体的重量，持续 3～5 秒，然后腰部肌肉放松，放下臀部休息 3～5 秒为一个周期。应注意的是，锻炼强度因人而异，每天可练十余次至百余次，分 3～5 组完成。应循序渐进，逐渐增加量。锻炼时不可突然用力，以防意外造成更大伤害。

4. 预防

要充分做好准备活动，在扣杀时肌肉不要完全放松，保持一定的紧张度，掌握正确的技术动作，加强腰部肌肉力量和伸展性的锻炼，同时还要加强腹肌练习。这些肌肉的增强，可避免本身的损伤，还可保护脊柱，避免脊柱及韧带的损伤。

五、膝关节损伤及预防治疗方法

膝盖过度损伤分为前膝盖疼（又叫髌骨关节疼）、髌腱炎、髂胫束症候群（跑步膝）、四头肌腱炎、滑囊炎。

1. 原因与病理

在羽毛球的运动中，经常会出现反复地在短距离内的瞬间变向、侧身及前屈、后伸、起跳、跨步、后蹬，此时处于半蹲位的膝关节稳定性下降，而股四头肌包绕髌骨的腱膜与韧带承受的拉力牵张和髌骨、股骨相应的关节软骨面上所承受的应力都明显增加，膝关节的稳定装置不断承受剧烈拉应力和牵扯力，这时一旦某个动作不协调、过度用力或过度疲劳，就极易引发膝关节的急性损伤。另外，膝关节处于半蹲位活动时，如滑步、转体移动、蹬跨起跳等，都会使髌骨软骨面承受更大的应力和较大的摩擦力，这些力一旦超过了组织的生理负荷，就会造成局部组织细胞的损害与破坏，从而引起一系列的病理变化。

2. 症状与诊断

伤者会出现髌骨边缘指压痛、髌骨压迫痛、伸膝抗阻痛。疼痛部位也分为膝盖外侧髂胫带疼、膝盖周围前膝盖疼、膝盖上方四头肌腱炎、膝盖骨上方或上胫骨内侧滑囊炎、膝盖骨下方髌腱炎。

3. 处理与伤后恢复练习

运动时可佩戴护膝。还应配合物理疗法（红外线照射超短波等）中草药外敷，针灸与按摩下肢和膝关节周围，必要时可在关节腔内或痛点处注射肾上腺皮质激素类药物，但应慎重。

4. 预防

膝关节的准备活动要充分，练习内容要多样化，避免膝关节过度疲劳。锻炼后应充分放松并自我按摩，加强自我保护。加强膝关节周围肌肉（股四头肌等）的锻炼。加强膝关节力量，可以做一些蹲跳起、深蹲、负重深蹲等来加强力量。穿着的羽毛球鞋鞋底弹性要好，摩擦系数要高。必要时可以戴上护膝，减少来自地面对膝关节的冲击力，并且防止膝关节受冷。保持良好的运动状态，避免运动劳累时参与运动。采用静力半蹲或负重静力半蹲来增加该部位的力量。如果股四头肌的力量强，运动中承受负荷的能力就强，出现劳损的可能性也就会小些。在做加强力量的练习时，膝关节屈的角度可由小到出现膝痛的角度开始，慢慢加到不超过90°，每次练习时间可由5分钟开始，慢慢加大到半小时以上，练习时，以出现股四头肌轻微抖动为止。运动时可佩戴护膝。

六、踝关节损伤及预防治疗方法

1. 原因与病理

踝关节外侧的腓侧副韧带由距腓前韧带、跟腓韧带和距腓后韧带3条独立的韧带组成。在羽毛球运动中的全场移动、跨步支撑、起跳落地中由于身体重心不稳或偏向一侧，常使足的前外侧先着地，所以腓侧副韧带的扭伤最常见。

2. 症状与诊断

踝关节损伤按照受伤程度分为三种：一是扭伤（常见的轻微损伤），大多数是因为小牵拉所致的损伤，伴随轻微的疼痛、小的肿胀和关节的僵硬，造成小部分的关节活动范围的丧失。二是扭伤同时伴随牵拉与小韧带的损伤，有逐渐增加肿胀和疼痛，中等的关节活动范围的丧失。三是三种损伤中较为严重的一种，有 1 ～ 2 条韧带的完全撕裂或断裂，产生大面积的肿胀、严重的疼痛和关节的极度不稳定。

上述的症状以水肿和疼痛在踝关节损伤中最常见。一般在 12 小时后出现皮下瘀斑，损伤部位有压痛点，踝关节内翻，疼痛加重。

3. 处理与伤后恢复练习

踝关节出现损伤应立即休息并抬高患肢进行冰敷，时间一般为 10 ～ 20 分钟。之后加压包扎，伤后 24 小时后，可采用物理疗法，同时加以针灸、按摩，但肿胀大者，切忌以重手法刺激。损伤恢复得差不多后可进行肌肉力量练习和协调性练习，如踝关节抗阻力活动，也可在松软的地上进行一些较慢动作的练习（跑、跳等）。运动前注意热身，注意鞋要松紧适度（不能太松）；运动中注意避免过度疲劳，避免拼命；尽量少腾空跳起；加强踝关节周围肌肉的力量练习，如负重提踵、足尖走、足尖跳；出现踝关节损伤后，一定要及时检查、确诊，以免误诊导致慢性病理过程。

4. 预防

运动前充分活动踝关节。练习时注意加固踝关节（如带护踝或绷弹力绷带）。加强小腿与足部肌肉锻炼，增加踝关节稳定性。运动前做好充分的准备活动，活动好脚踝关节，做好拉伸运动。穿着专业羽毛球鞋，随时注意场地情况。

七、羽毛球运动开放性损伤预防措施

选择符合自己手掌大小和手型合适的羽毛球拍；勤换拍柄手胶，选择吸汗性强、柔软的手胶；增强手掌握力；穿着吸汗性强、较为舒适的纯棉袜子；选择大小合适的专业羽毛球鞋。

八、眼部损伤

羽毛球运动中发生的眼损伤虽然较少，但有可能造成严重的视力障碍，影响运动和日常的生活。有关研究表明，羽毛球运动因有高球速与使用球拍，属于高危伤眼运动，并且在各种球类运动中，羽毛球运动中的眼伤发生率最高。因此，要预防眼损伤的发生，学生要建立自我保护意识，采取必要的措施，在网前等待来球时应将球拍举在面部，特别是在打出一个高球而对手有可能是扣杀时。

九、大学生羽毛球运动损伤的预防建议

第一，掌握规范的动作技术。对预防手腕、肩轴、踝关节处的损伤能起到很好的预防作用。因此，请专业的羽毛球教练指导或翻阅相关的书籍了解和掌握好正确的动作要领将有利于学生掌握规范的动作技术。

第二，运动前做好充分的准备活动。特别是几个容易出现损伤的部位，如手腕、肩关节、踝关节、大小腿等部位。一般准备活动在 30 分钟左右，但在秋、冬季气温较低的情况下，人的关节活动幅度减小，韧带的伸展度降低，就更应该做好准备工作。因此，准备活动的时间也应适当延长。

第三，在身体疲劳或已经带有伤病（如轻微的肌肉拉伤）的情况下，应该停止运动，等身体状况恢复后再进行运动。运动过后，要养成进行放松活动的习惯，有助于加快运动后疲劳的恢复。

第四，加强对运动创伤的认识，平时注意运动损伤知识的积累。发生运动损伤后不能认为无所谓而继续打球，这是重复或多次损伤的主要原因。

十、羽毛球运动对疲劳产生的机制和对机能的影响

（一）运动性疲劳的定义

运动性疲劳是在运动训练过程中发生的一种生理现象，是由于身体活动和肌肉引起的体力上的疲劳。中国学者把运动性疲劳描述为"人体运动到一定时候，运动能力及身体机能暂时下降的现象"。运动性疲劳可分为肌肉疲劳、神经疲劳、心理疲劳及内脏疲劳。

（二）羽毛球运动的特点

羽毛球运动在比赛中是一项隔网对抗性强、激烈多变的高强度、高负荷的无氧综合性项目。场上脚步不停地移动，短时间的快速启动、跳跃、急转急停，增大了上肢、下肢和腰腹部肌肉的力量。据统计，高强度下羽毛球运动员的心率可达到每分钟 160～180 次，甚至更高，对心血管系统和呼吸系统的功能要求比较高。对抗激烈要求运动员在专项耐力、力量、柔韧、灵敏、速度等方面具备较高的身体素质。

（三）羽毛球运动产生疲劳的原因

羽毛球运动比赛中的快速启动、急停急转、强度大、负荷大等特点，属于无氧性的运动，对体能消耗非常大。

1. 体内能量的衰竭

有些学者认为疲劳的原因是运动过程中体内能源物质大量消耗，随着运动负荷的增强，没有及时得到补充，在供能上失去平衡。

2. 体内代谢产物的积累

运动中代谢产物在体内大量堆积，得不到及时清除造成了疲劳。这些代谢产物包括乳酸、氨、二氧化碳等。当进行大强度运动时，身体内乳酸浓度升高会造成肌肉疲劳。

3. 机体内环境失调

在激烈的比赛运动中，肌肉会释放出大量乳酸和丙酮酸等物质，在体内越积越多，外加运动时人体的分解代谢过程加强，热能及各种营养素的消耗明显增加，体内的激素效应与酶促反应过程很强烈，会排出大量的水分、无机盐、电解质等微量元素，最终使机体内环境发生剧烈变化，造成机体内环境失调而产生疲劳。

4. 中枢神经系统的疲劳

当运动中出现腺苷三磷酸（ATP）减少、α-氨基酸和儿茶酚胺增加、血糖下降等引起中枢神经兴奋后，抑制的平衡出现失调，从而导致中枢神经系统的疲劳。

（四）运动疲劳的预防措施

在运动训练过程中，高校羽毛球教练员与运动员要根据运动员的生理特点及项目特点进行训练。教练员通过一些简单的方法，根据运动员产生不同的疲劳症状，通过观察、分析并及时采取积极措施，避免过度疲劳的发生。主要预防措施有以下五种。

（1）根据运动员的不同的生理差异，不同的心理特点及身体状况，采用区别对待的原则。

（2）根据羽毛球项目运动特点，运动量的安排上要循序渐进，把全面的身体素质和专项技术训练有机结合起来。

（3）让运动员养成自我监督的好习惯，教练员应经常观察运动员身体反应，根据不同的症状进行评价。

（4）让运动员有充足的睡眠，合理的休息，养成良好的生活习惯，并有充足的营养做保障。

（5）定期对高校羽毛球运动员进行体检，了解他们的健康状况，把疲劳扼杀在摇篮里。

（五）促进体能和消除疲劳的方法

身体机能的恢复过程可以分为消耗阶段、恢复阶段、超量恢复阶段。

（六）一般常用措施

（1）整理活动。可以通过慢跑、慢走、调整呼吸、做些放松操及各肌群的牵拉等方法。整理活动可以改善肌肉血液循环，减少肌肉延迟性的酸痛，加速乳酸的利用，有助于消除疲劳。

（2）积极性休息。研究表明，用变换活动的部位方式和调整运动的强度这种积极性休息来消除疲劳，比安静性休息消除体内乳酸更快。

（3）充足的睡眠和休息。成年运动员在训练期间，每天休息8～9个小时，中午可以安排午休，大强度和比赛期间可以适当延长。睡眠时人的大脑皮层兴奋度降低，体内分解代谢处于最低水平，合成代谢过程相对较高，有利于身体的恢复。

（4）运动员运动休息 2～3 小时可以通过按摩的方式消除疲劳，进而恢复体力。

（5）温水浴和局部热敷。运动后可以通过温水浴和局部热敷的方法来消除疲劳。温水浴水温在 40℃左右为最好，时间约为一刻钟。热敷温度在 46℃左右为宜。

（七）神经心理的恢复

运动训练或比赛后，可以通过休息、暗示性睡眠、肌肉放松、音乐、心理恢复放松训练的方式来消除心理的紧张，使神经能量得到恢复。

（八）营养

运动训练或比赛后可以通过补充糖、蛋白质、脂肪、维生素及矿物质来维持身体内环境的稳定，使身体得到物质恢复。运动员应定时进餐，合理饮食，不喝烈酒，不吃刺激性的食物。

（九）物理和化学恢复

有条件的可以通过吸氧、空气负离子疗法、针灸疗法、理疗及拔火罐疗法来消除疲劳。还可以通过中药补剂调理，提高机体免疫力，增强抗病能力，改善代谢调节，对提高训练效果和消除疲劳有良好的作用。这些中草药有人参、三七、当归、五味子、枸杞、酸枣仁等。

第八章　足球运动训练康复

第一节　足球运动概述

在我国，足球运动一直是高校体育的传统运动项目，深受广大学生和教职员工的喜爱，它既是体育教学的主要内容和手段，也是大学生课余文化生活的重要方式。足球运动的娱乐性、群体性、健身性、竞技性、社会性等特征使它在我国高校拥有深厚的群众基础，校园内部的各种足球竞赛活动非常活跃。

一、我国大学生足球运动的概述

1992 年"红山口会议"标志着我国足球职业化联赛的开始，掀起了足球运动的阵阵狂潮，并对高校足球产生了强烈的冲击，进一步促进了大学生足球运动的发展。2000 年 10 月开始的"飞利浦中国大学生足球联赛"是中国大学生足球运动与市场经济结合的里程碑，它以"大学生自己的联赛""全面发展的新时代大学生""让我们做得更好"等现代理念，席卷全国各大高等院校，吸引了数百万大学生的强烈关注。同时，电视、广播、网络、报纸等多种媒体的大幅度宣传和报道，使大学生足球运动走出校门，步入社会，引起教育界、足球界、经济界和新闻媒介等社会各界的广泛重视，并对大学生足球运动的价值、发展策略等问题展开了广泛的讨论。相关统计数据表明，"飞利浦中国大学生足球联赛"已经融入大学生的校园生活，已经成为我国职业足球联赛外最具影响力的全国性足球联赛，越来越受到全国各大高校的关注，其潜在的内涵和价值标志着中国大学生足球运动开始进入了一个新的发展时期。

二、我国大学生足球运动的异化发展

大学生足球运动通常分为足球课程和课外足球活动两个大类。根据我国大学生足球运动的发展实际,分别从足球课程、课外足球活动和高校足球代表队三个方面来阐述我国大学生足球运动的发展现状。

(一)足球课程

足球课程是实现大学生足球教学目标的主要的途径,它的主要目的是对足球运动理论和技战术行为进行系统传授。目前,我国高校足球课程基本上都实施了以体现大学生主体意愿为特征的课程选修模式,向着大学生教学主体地位的全面实现迈出了第一步,但是在足球项目上却没有能够充分体现大学生的个体性差异,教学目标缺乏针对性。另外,受生物体育观影响,我国大学生足球教学陷入了教学内容的竞技化、教学过程的技术化、教学组织的一体化和教学目标的达标化的四大教学误区。足球课程的出发点和归宿点始终落在足球运动技术技能的教学上,充满乐趣的足球运动异化为动作技能的不断重复、强化,以及枯燥呆板的身体练习,技术指标成为足球教学考核的核心要素,大学生与足球运动的目的、手段关系完全颠倒,出现了足球课程的异化现象。

(二)课外足球活动

课外足球活动是足球课程在时间、空间、内容、组织形式及手段上的延伸,是对足球课程的有益补充,它对于激发和培养学生的体育兴趣、形成体育意识、提高体育能力和促进个性的发展完善都具有重要的价值。大学生课外足球活动大致可以分为课余足球竞赛和小团体足球活动两大类。课余足球竞赛是大学生充分领略足球魅力、展示自身足球才华及促进个性发展的最佳舞台。目前,大学校园内球队数量众多,比赛需求强烈。一方面,由于学校重视力度不够,缺乏对校园足球赛事的统一管理,形成了事实上高校足球比赛的无序发展状态。另一方面,由于足球竞赛组织管理要求高、场地需求量大、经费不足等,课余足球竞赛常常被迫取消,生存空间狭小。在这种情况下，小团体的足球活动成为大学生足球课余活动的主要方式。但是由于高校的大幅扩招，同时体育基础设施严重不足，大学生足球运动的空间狭小，常常和正常的体育教学和课余训练在场地问题上产生激烈的冲突。除了足球场、篮球场、排球场，甚至田径跑道、学校广场、马路等都成为大学生的足球运动场地。足球场上人口密度大、灰尘弥漫、冲突频繁是小团体足球运动的通常景象，不但不能健身，还隐藏着极大的体育风险。因此，这也极大地阻碍了小团体足球运动的展开。

（三）高校足球代表队

高校足球代表队代表着学校的最高足球水平，是校园足球文化的核心部分，更是对大学生球员进行素质教育的绝佳舞台。但是，受我国体育战略和传统学校体育观念的影响，足球运动虽然拥有广泛的群众基础，但是在学校体育中，它的地位和重要性却远低于田径、篮球、排球等项目。比赛机会少、经费开销大、不易出成绩等特点决定了高校足球代表队艰难的生存现状。注重技战术水平的提高而忽视对大学生球员行为道德规范的培养，对竞赛成绩的过度专注而导致"锦标主义"风气和种种虚假现象的蔓延滋生。高校足球代表队强烈的功利色彩决定了大学生球员与球队之间的关系异化。

总体上来说，受传统教育观和生物体育观的影响，足球运动在我国高校发展的总体情况并不理想，足球运动的异化现象突出，大学生足球运动处于外部繁荣内部无序的发展状态，其潜藏的教育价值还有待进一步挖掘和实施。

三、我国大学生足球运动发展动力的系统分析

任何事物都不可能单独存在，都同外界保持着紧密联系并处于不断的运动变化过程之中。变化的动力来自两个方面：内因，即事物自身内部的矛盾运动，这是事物发展变化的主要动力来源；外因，即事物外部环境对其构成的影响作用。外因通过内因发挥作用，内因和外因的综合作用促使事物本身不断发展，并最终达到系统内外新的动态平衡状态。内因和外因也是时代发展的产物，都处于运动变化过程之中。

作为相对独立存在的大学生足球运动也不例外。事实上，我国大学生足球运动一直处于发展过程之中，但严格来讲，这种发展很大程度上还处于事物的量变阶段。然而，随着时代的发展和社会的进步，它在不断发展生成的内、外界因素的综合作用下，正逐步走向高校体育的前台，并从学校体育中的传统角色向着具有全新使命的现代角色演变，已经开始有了局部质变的特征。大学生足球运动的这种质变发展是我国社会、经济、教育和足球运动发展到一定历史时期的产物，是多因素共同作用的结果，并且将在这些因素的共同作用下持续发展，不断进行自身的完善，演变为与时俱进的新型现代大学生足球运动。

（一）大学生足球运动供需矛盾的激化

在推动大学生足球运动发展的诸多因素中，作为行为主体的大学生对日益提高的足球运动身心需求与教育部门和教育者相对弱化的现实足球供给之间的矛盾是促进我国大学生足球运动发展的根本原动力。它们之间矛盾斗争的实质就是传统教育论和素质教育论之间的斗争，是体育价值的一元论和多元论之间的斗争，是生物体育观和人文体育观之间的斗争。

1. 足球运动与大学生体育需求

需要（需求）是人的一切活动的动力源泉，是产生积极行为的基础。体育需要是以体育为特定满足对象的各种客观要求在心理上的反映，是人们在体育活动中产生积极行为的动力源泉。体育需要决定了大学生投身体育学习、锻炼的目的，但是为实现体育需要而采取的运动项目手段却是非常丰富的，并且体育需要同具体项目的结合使得大学生体育需要带有强烈的项目特征。足球运动就是高校体育中深受大学生喜爱的运动项目之一，大学生的足球需求是当代大学生的体育需要的普遍性和足球项目的特殊性的融合。

2. 大学生足球需求的内容

大学生的足球需求体现了当代大学生的体育价值观念及对足球运动的特殊需求。我国大学生足球需求的内容主要表现在以下四个方面。

（1）对足球技、战术行为的学习和提高：足球运动用脚支配足球完成很多精细、准确而复杂的动作，这是人类对自身生物特性的挑战。足球战术，特别是多人战术投射着和谐的人际关系和协作、互助意识，这些都对富于冒险精神和实干精神的大学生产生着强烈的吸引力，使大学生渴望在足球方面接受新的挑战、感悟人际的和谐。

（2）对足球运动的整体认知：足球运动是世界第一运动，大学生不仅希望投身于足球实践之中，还希望提高自己对足球运动的整体认识，阐述自己独特的足球见解。这种特点同当代大学生旺盛的求知欲，以及其逐步提高的理性分析和认识能力相一致。这种足球认知需求由浅到深表现为以下四个层次。

第一层，足球资讯，包括国内外足球运动的各种相关资讯。例如，足球竞赛、球星、足球俱乐部、球员转会等。

第二层，足球运动基础理论，包括各种有球、无球技术动作要领，个人、局部和整体的战术理论，足球比赛规则，足球比赛场地，足球比赛阵型理论，等等。

第三层，足球竞赛规律，它是足球竞赛的核心部分，是对足球运动攻防规律的本质性、抽象性的概括。其中包括足球竞赛的攻防辩证关系，时间、空间理论及由此衍生出来的不同流派的足球战术理论。

第四层，足球文化，即足球运动和人类社会的相互关系，包括历史文化、足球风格文化和足球运动中所蕴含的深刻的社会内涵。

在对大学生进行的最希望获得的足球认知的调查中发现，当代大学生对足球运动的整体认知并不仅仅停留在对足球运动相关资讯、规则、场地等的了解上，更多的人开始趋向于对足球运动本质和规律的把握。这种特征给目前的高校足球理论教学改革提供了参考依据。

（3）对足球竞赛的需求：足球运动的魅力只有在足球竞赛之中才能够充分得到领略和感受，同时足球竞赛也是大学生足球爱好者提高自身足球竞技水平、展示足球才能以获得自我实现的最好形式。并且大学生足球竞赛的需求体现出组织形式和竞赛类型的灵活性和丰富性特征。

（4）对场地、器材的需求：大学生通过足球运动来满足自身的健身、娱乐、缓解压力、交际、自我实现等体育需求，自然对高校的足球场地、器材设施等硬件建设提出了要求，这是高校开展足球运动的物质基础。但是，高校大幅扩招导致高校体育基础设施建设的滞后发展，高校足球场地普遍紧张，不能满足实际需求。

3. 大学生足球需求的供给现状

（1）足球技术、战术需求：足球技术和战术教学通常在实践上展开。由于足球运动技术和战术复杂、种类繁多、大学生足球水平参差不齐、足球实践课教学时数有限等多方面的影响，技术教学主要是着眼于最基本的踢、停、运、顶及射门技术，战术教学则以局部的两人或三人简单配合为主，教学内容相对较少，练习时间短，不能满足大多数同学的个性需求。

（2）足球运动认知需求：足球认知需求的满足主要是通过足球理论课程教学来实现，但是足球理论课程教学时数有限，教学内容大多局限于对足球运动历史发展、足球规则、战术等少数文化表层内容的讲解，在广度和深度上同大学生的实际需求相差较大，没有充分考虑到大学生理性思维能力对足球认识的需求。

（3）足球竞赛需求：调查显示，目前我国高校校园足球竞赛总体上缺乏整体性和连续性，比赛类型单一，比赛场次过少，而且由于场地、经费、管理等方面的原因，大学生足球竞赛常常被迫取消，生存空间狭小。整体性是指对校园内部各级别比赛，如全校学院联赛、学院内部联赛、俱乐部联赛等在时间和场地方面进行整体的统筹安排，形成统一的校内足球竞赛管理体制，避免形成各自为政、相互冲突的局面。

（4）硬件设施需求：目前，我国高校足球运动发展所需的硬件设施严重不足，满足不了实际需求。这种情况主要有三个方面的原因。首先是高校大幅扩招导致高校体育基础设施建设的相对滞后发展，足球活动同体育教学和运动训练等的矛盾突出。其次是大学生足球运动的快速发展，足球人口增多，活动频繁导致场地紧缺。最后是大学足球场地的商业化经营使得这种矛盾冲突越发激烈。高校足球失去了开展的物质基础，源于足球运动的身心需求自然无法实现。

（二）素质教育推动大学生足球运动的发展

素质教育观是现代全球教育的指导思想和发展趋势，它同我国学校体育现状的结合所带来的必然结果就是学校体育观念由以"体质论"和"技术论"为中心的生物体育观向以人的健康发展为目标的人文体育观转变。这种变化对足球运动在高校的生存现状和未来发展带来直接的影响。

全体性、全面性和自主性是素质教育的三个基本特征，素质教育对大学生足球运动的推动就集中体现在这三个方面。

1. 全体性

全体性的含义是大学生足球教学不仅要面向全体热爱足球运动的大学生，而且更要在足球教学过程中注意个体差异问题。一方面，要让喜欢足球运动的大学生都得到学习的机会；另一方面，又要使每一个同学都能实现自己的学习目标，都能促进个性的发展，都能从中享受到足球的乐趣并且形成新的学习动机。它将会推动大学生足球的教学体制和教学模式改革。

2. 全面性

全面性就是充分利用足球运动作为教育的手段，使学生从中得到应该得到的在身、心、素质方面的全面发展。它给足球教学目标、教学内容带来直接的影响，应该改变传统足球教学注重技术传授和身体素质发展的现状，从"乐"入手，深刻挖掘足球运动在心理品质和社会适应能力培养方面的潜在教育价值，并具体实施到足球教学过程中去，使足球运动真正与素质教育目标结合起来。

3. 自主性

提倡自主性就是在足球教学过程中尊重学生的教学主体地位，从兴趣的培养入手，激活学生学习的主观能动性，实行启发式教学和主体性教学，积极鼓励、引导学生创造性思维的发展，提高教学质量，培养学生自我学习的习惯和能力。它对大学生足球教学的方法体系带来巨大变革，并对体育教师素质提出了更高的要求。

（三）我国足球后备人才培养的有益探索

青少年足球运动员的培养是一个国家足球运动发展最重要的环节，是足球水平不断提高与持续发展的根本保障。我国足球运动水平低下、后备人才匮乏是制约我国足球运动发展的主要因素。探索和完善我国足球后备人才培养体系是当前中国足球发展的重要任务。

1. 竞技体育的可持续发展和现代足球后备人才观

随着我国竞技体育管理体制改革的逐步深入和体育产业的快速发展，竞技运动项目的可持续发展对该项目在群众体育中的发展程度的依赖性越来越明显。竞技体育和群众体育之间的普及和提高相互依存、相互促进的关系将会更加紧密。这种关系和竞技项目后备人才培养问题的结合具体表现为两个目标和两项指标。两个目标：一是运动员后备力量的培养；二是运动人口的培养。两项指标：一是质量要求；二是数量要求。数量多少与运动项目的普及程度密切相关，而质量问题不仅意味着竞技运动后备人才专业素质的高低，还意味着一个社会人现代素质的发展程度。足球运动后备人才的培养也必然面临相同的问题：一是足球后备力量的质量和数量；二是足球人口的质量和数量。

2. 我国足球后备人才培养

我国足球后备人才培养现状包括足球后备力量培养和足球后备人口培养两个方面。

随着市场经济体制改革的深入和我国职业足球的开展，我国足球运动传统的"三级"训练体制已经解体并逐步形成以职业足球俱乐部培养为主体、以足球学校和业余足球俱乐部为补充的新的后备人才培养体系。

但是，由于政策不配套、制度不健全、管理粗放等原因的综合影响，这种培养体系还处于相对无序的发展状态，在足球后备人才方面存在着以下不足：一是缺乏对足球运动员的综合培养，单一追求足球技术水平，尤其缺乏文化素质和品德修养的教育；二是对足球规律和现代足球理念的认识肤浅，揠苗助长，青少年球员过早专业化，忽视青少年成长的基本规律；三是足球训练的科学含量太低，效果差；四是足球后备人才数量极度缺乏，选择面太窄。

这些问题直接导致我国足球后备人才和职业运动员数量匮乏，整体文化素质和专业素质低下，而现代足球运动的智能化趋势使得这种情况变得更加严峻。这种局面，传统的"三级"训练体系解决不了，眼下混乱的足球后备人才培养体系同样解决不了，必须寻求我国足球后备人才培养的新的方向。

参照体育人才概念，足球人才的定义为利用足球运动经常从事身体锻炼、身体娱乐、接受体育教育、参加运动训练和竞赛且具有统计意义的一种社会群体。从可持续发展的角度看，足球人才数量的多少和质量的高低对一个国家足球运动的整体发展程度影响巨大，因此，足球人才后备力量培养应该引起足够的重视。学校教育则是系统进行足球人才后备力量培养的关键。一方面，校园中足球氛围浓厚，基础面广；另一方面，学校教育的科学性、长期性和系统性便于足球文化素养的形成。

在足球发达国家，足球后备人才培养大多采取足球俱乐部和大、中、小学相结合的道路。这样不但扩大了足球运动员培养的数量，而且更有利于对高素质足球人口的培养。意大利、法国和德国足球人口素质状况同英国大致相当。同样，在韩国、日本、沙特和伊朗等亚洲国家，其足球人口素质之高也是有目共睹的，这些国家广泛地在大学生中选拔球员已经不是什么新鲜事。例如：韩国国家队队员大多从大学生球队中选拔；日本国奥队中有相当部分的球员就来自大学。

多年来，我国一直没有对足球后备人才的培养给予足够的重视，学校体育受传统教育和生物体育观的影响也忽视对体育文化包括足球文化素养的培养，足球后备人才的形成基本上处于完全自发的状态，学校体育发展水平制约了我国足球后备人才的数量和质量。

2000年8月30日，全国青少年足球工作会议在秦皇岛举行，中国足协提出了大力发展青少年足球运动的战略转移论，要求树立大后备力量观，健全大后备力量系统。国家体育总局原副局长段世杰也提出"青少年足球运动的发展必须符合教育发展规律、竞技体育发展规律和足球项目本身发展规律"的指导思想。至此，足球后备人才的数量和质量问题开始得到重视，结合足球发达国家后备人才培养的先进经验，我国校园足球运动被赋予后备人才的培养重任。高校是我国竞技运动竞教结合发展思路的重要组成部分，大学生因其年龄段接近、足球基础深厚、硬件和软件相对完善等特点更被寄予极大的期望。教育部中国大学生体育协会原副主席宋尽贤先生和联合秘书处原秘书长杨立国先生在谈到举办大学足球联赛的目的和意义时明确指出：一是丰富高校学生的文化生活、普及高校的足球运动，二是提高高校的足球运动水平，培养中国高素质的足球人才。普及和提高相结合正是我国大学生足球运动的发展思路。北京"三高"足球俱乐部的发展模式和"飞利浦中国大学生足球联赛"的事实表明，大学生足球运动完全可以成为中国足球后备人才培养的重要渠道。

素质教育与高校体育的结合使生物体育观向着人文体育观转化，体育文化包括足球文化都成为高校体育教学的重要内容，有助于足球素养的提高和现代足球观念的形成，在数量和质量上为高素质足球后备人才培养创造了绝佳条件。

这些事实说明中国足球也可以仿照日本、韩国大学球员的人才梯队建设结构，把大学校园建设成为高水平足球运动员的培养基地，这并不是可望而不可即的幻想，而是一个值得去认真地探索的发展方向。

（四）大学生足球竞赛角色的多元化转变

从教育与经济的角度来讲，"飞利浦中国大学生足球联赛"的成功举办有其必然性和偶然性。而教育和经济的关联综合融汇于我国大学生足球联赛身上，并成为推动我国大学生足球运动发展的重要力量。

1. 中国大学生足球联赛产生的必然性

高等教育的产业化发展与市场的联系越来越紧密，市场规律是高等教育系统必须遵循的生存原则。我国高等教育已经由卖方市场向买方市场转轨，消费者在选择高校时，实际上选择的是优质的高等教育服务，其直接的依据就是该校的社会知名度，即学校品牌。因此，要在竞争日趋激烈的高等教育市场中占据优势地位，树立良好的学校品牌是当务之急。在争创学校品牌的诸多策略和手段中，蕴含"全面发展的新时代大学生"教育理念的高校体育具有巨大优势，而足球运动，尤其是全国大学生足球联赛，因其在全国和大学校园中深厚的群众基础和广泛的影响力，必将成为校园品牌战略的重要手段。

2. 中国大学生足球联赛角色的多元化

新形势下中国大学生足球联赛的社会角色呈现出多元化特征。

第一，大学生足球联赛是大学生足球运动的交流舞台，代表着我国高校足球运动的最高水平，是高校体育的有机组成部分。

第二，大学生足球联赛是高校教育质量的展示窗口，是高校品牌战略的重要手段。

第三，大学生足球联赛是有着巨大影响力的商业载体，它的健康发展将会给企业带来巨大的广告效应。

大学生足球联赛角色的多元化转变从教育、经济的角度给"大学生足球联赛"的发展带来强有力的推动，并透过大学生足球运动的最高层次促进足球运动在高校的进一步普及和水平的提高。

第二节　足球运动损伤类型及原因

足球运动一直是最具吸引力的体育项目，有很强的锻炼价值和观赏价值，但是足球运动技战术多样、对抗激烈等特点，使从事足球运动的人员又容易受到一些或轻或重的损伤。这些损伤不仅困扰运动员正常的训练和比赛，缩短其运动寿命，还严重阻碍了足球运动的良好发展。

一、足球运动损伤的特点

足球运动是一项竞争激烈的对抗性项目。有报道指出，足球运动的损伤率是球类项目中最高的，一般为56.9 %。我国足球运动的损伤较高，大多数超过200 %，与国外报道相比更高。专业运动员的运动损伤率高于大学生，大学生的损伤率高于少儿。在专业运动员和大学生中每人平均损伤2次，受伤的人数占总人数的百分比较高。有的足球队在一年比赛平均每场比赛有4

人次受伤，平均每人重复损伤 4.7 次。

（一）足球运动损伤的部位

足球运动是以足运动为主的运动项目，下肢在足球运动中起着关键作用，同时也是运动损伤的主要部位。国际足联的运动医学专家曾对 1300 场比赛进行统计，共发生 1400 次损伤，头部和上肢占 15 ％，胸和腹占 10 ％，下肢占 75 ％。我国足球运动损伤发生较多的部位也是下肢，而且发生损伤率高于国外。其中，踝、膝、大腿、腰背、小腿是常见的发生损伤的部位，这些部位的损伤发生率以踝最高，其次是膝、大腿、腰背、小腿，它们的损伤超出运动损伤的 77.1 ％以上，并且专业运动员更容易发生这些部位的损伤。

（二）足球运动损伤的种类

足球运动损伤的种类主要包括挫伤、擦伤、拉伤、撕裂伤、关节脱位、骨折、劳损及其他。足球运动损伤的最常见的种类是挫伤、擦伤、扭伤和拉伤，其中挫伤最常见，其次是擦伤、扭伤和拉伤。它们占运动损伤种类的 90 ％以上，青少年运动员尤其容易发生这种损伤。

（三）足球运动损伤的时间类型

莫里西奥 •N 研究智利的 2860 例足球运动损伤，发现 80 ％是急性损伤，使运动员长期不能参加比赛的慢性损伤占 11 ％。我国足球运动损伤的类型与国外相类似，以急性损伤为主，超过 80 ％。但在专业运动员中，慢性损伤却占很大比率。如马国川报道的国家和各省的女足的损伤中，慢性损伤占 58.2 ％。

（四）足球运动损伤的程度

我国足球运动损伤的程度以轻伤为主。但在专业运动员中，随着比赛激烈程度的增加，中等程度的损伤也占了很大比例，甚至重伤比例也不低。

二、足球运动的致损因素

根据国外的统计，足球运动员在一场比赛中跑动距离平均一般在 8000～11000 m，我国运动员则一般在 4500～7000 m。足球比赛时间长，一般在 90 分钟左右，有时可以达到 120 分钟。足球比赛的强度大，国外运动员的比赛心率平均值为 157～175 次／分，血乳酸值为 4～6 mmol/L，我国运动员的比赛心率平均值一般为 160～165 次／分，血乳酸值为 4.04±1.9 mmol/L，有些运动员血乳酸值达到 6～7 mmol/L。从足球运动的这些特点来看，足球运动属于长时间、大强度的运动项目，运动员容易在这样的比赛中出现疲劳，力量、反应力、灵敏性、柔韧性等运动能力下降，动作出现僵硬，注意力不集中。而运动损伤很大程度上与运动性疲劳及自我保护有关。从损伤发生的部位看，损伤大多数发生在脚踝、膝关节等，因为这些部位长期疲劳会使肌肉稳定性下降、关节支撑不稳而易导致损伤。

（一）足球运动的心理学特点

随着竞技运动水平的不断提高，运动员的心理承受方面的能力越来越受重视。就运动损伤而言，心理因素主要体现在运动员进行的个体特性方面，这些特性包括敌视的感觉，机能不足的感觉，身体的全神贯注能力。另据对加拿大一流大学的 47 名足球运动员进行的心理测试表明：足球运动员进行的高度紧张或焦虑有高的损伤严重程度和多损伤次数，压抑或情绪低落、愤怒或敌意、负心境效应和竞赛焦虑都会增加运动损伤次数和损伤严重程度。因此，应激、焦虑、紧张等心理因素对损伤次数和损伤的严重程度都有一定的影响。

（二）足球运动的技术特点

足球运动是以足为主的运动项目。在运动中运用足的踢、停、运、抢及假动作五大技术来实现对球的控制。而且在现代的足球比赛中，球的活动又以地面球运行为主，而地面球绝大多数通过足的动作来完成。因此，在频繁的处理球中，下肢难免遭受损伤，特别是脚踝、膝、大腿、小腿、腰部的损伤。同时，足球运动的技术动作比较复杂，场上的情况瞬息万变，运动员要根据场上的具体情况随时采取合理的技术动作实现对球的控制，如高空争顶、凌空抽射、倒挂金钩、飞身铲球、合理冲撞等。这些都可能造成损伤增加。

（三）足球运动的对抗性特点

足球运动是一项对抗激烈的运动项目。在比赛中，比赛双方为了实现对球的控制相互运用身体冲撞、贴身紧逼、带球突破、争顶高空球等多种形式进行对抗。据统计，一支优秀的足球队在一场比赛中完成各种技术动作916次，其中处于对抗条件下运用技术为482次，占总数的52.6%。这反映出比赛中为争夺控球权，全场有1/2以上技战术是通过对抗形式实现的。随着现代足球的发展，这种对抗越来越激烈。现代的足球不管是进攻还是防守，由于速度加快，运动员之间可创造的空间越来越小，身体间的接触越来越频繁，反映在球场上就是激烈的拼抢和对抗，其结果导致比赛中运动损伤越来越多，因而运动的损伤率也越来越高。

（四）足球训练或比赛时缺乏科学性原则

在足球的训练或比赛中，教练员或运动员缺乏必要的科学的训练和比赛知识，如在训练中没有合理的安排运动量，训练量或过大或过小或过于集中。有的教练员没有训练计划，凭一时的热情，想到什么就猛练什么，使训练过分集中于局部关节（如踝、膝）而致伤。有的教练员或运动员对技术动作要求不规范，不少运动员在平时训练中很随意，不注重自己的动作，如传球时踝关节放松或紧张程度不够，久而久之形成习惯，一到比赛遇到来球力量过大时，就容易造成损伤。也有的教练员或运动员缺乏科学的运动理念，如对准备活动的重视程度不足，把简单的跑步作为准备活动或根本不做准备活动。有的教练员、运动员缺乏必要的运动损伤知识，或对损伤不够重视，带伤训练、比赛而致伤。

（五）环境因素

运动环境与运动损伤有着较大的联系。足球运动由于场地大、比赛时间长、技战术复杂等特点，易受到环境的影响，如在气温高的地方或季节，运动员在长时间、大强度的运动下，会失去大量的体液和电解质，容易引起脱水、肌肉痉挛、注意力涣散，从而增加受伤次数。同样，严寒天气、雨天等都会增加受伤的机会。场地质量、辅助器材安全性与可靠性、灯光条件与运动损伤也有很大的关系。

（六）人为因素

足球运动是同场竞技类运动项目。由于对抗激烈，双方队员的身体接触频繁，冲撞在所难免，损伤就可能发生。而且有些队员缺乏体育道德素质，在比赛中会有故意踢人、猛烈而带有危险性地冲撞对方队员、背后铲球、跳起蹬踏等暴力行为，这些动作都极易伤害对方球员。另外，裁判员的执法能力、控制比赛场面的能力和裁判的职业道德等也都影响着比赛的运动损伤的次数和程度。

三、运用解剖学知识解析常见足球运动损伤发生的机理

在解析常见足球运动损伤发生的机理之前，先要对运动损伤及运动解剖学进行概念阐述。运动损伤指的是在体育运动过程中发生的各种损伤，其损伤部位与运动项目及专项技术特点有关。运动解剖学是正常人体解剖学的一个分支，它是在正常人体解剖学基础上研究体育运动对人体形态结构产生的影响和发展规律，并探索人体结构的机械运动规律和体育技术动作关系的一门新兴学科。下面对两种大学生足球运动常见的运动损伤发生机理从解剖学的角度进行解析。

（一）扭伤机理

大学生在足球运动中常见的扭伤部位为踝关节，踝关节的扭伤之所以在足球运动中经常发生，与它的关节运动及构造有很大的关系。踝关节的关节头为距骨滑车，关节窝是由胫骨下关节面、内踝关节面和腓骨的外踝关节构成的。关节囊前后部松弛而两侧由副韧带增强。在内侧为三角韧带，自内踝

开始呈扇形向下，止于舟骨、距骨和跟骨。外侧韧带有三条，它们完全独立，前方为距腓前韧带，中为跟腓韧带，后为距腓后韧带。外侧韧带的肌肉较少，肌肉的保护功能较差。大多数踝关节扭伤是外侧的三条韧带。踝关节属于滑车关节唯一的轴是横贯距骨滑车的额状轴，距骨连同全部足骨绕此轴转动，踝关节发生扭伤时，距骨滑车运动不是绕额状轴运动，而是绕矢状轴运动。

（二）拉伤机理

大学生常见的拉伤主要是大腿肌群的拉伤。肌肉附着在骨头上面，并绕骨关节的运动而运动，肌肉由许多束细小的肌纤维组成，肌纤维是有弹性的，可以适当地进行收缩与收张，就像一根弹簧一样，如果外力的作用过大，超过弹簧的弹性系数，弹簧就会损坏，失去原有的弹性，肌纤维也是一样，如果外力作用过大，超过了它的伸缩范围，那么肌肉就会发生一定的损伤。大腿肌群由很多细长的肌纤维束组成，经常使用脚背踢球，脚背踢球腿的摆动以髋关节为支点，大腿绕矢状轴运动，因此摆动的幅度较大，肌肉处于疲劳期，再加上发力过猛，就容易造成大腿肌肉群拉伤。

四、踝关节损伤的性质分析

踝关节扭伤和挫伤是损伤中发生率最高的，发生的原因大多是运动场地不平、过硬，或是学生盲目模仿职业运动员的高难技术动作，缺乏自我保护意识与能力，或是足球技术本身的复杂多变性与身体素质发展跟不上技术动作的矛盾，导致在比赛中动作僵硬，反应迟钝。踝关节擦伤多发生在没有掌握正确的技术动作和技术要领及自我保护动作、场地条件差、雨后场地湿滑泥泞、在雪地上踢球、服装不符合要求（穿皮鞋、旅游鞋）等情况下。踝关节骨折在学生足球活动中偶有发生，原因是在比赛（正规与非正规）中争强好胜，对比赛结果胜负过分在意，有时会出现报复性行为，或是运动量过大造成身体疲劳，警觉性和注意力减退，防御反应迟钝，对自己或对方动作的危害性估计不当、心理准备不足。

（一）踝关节损伤的程度分析

在疾跑、跳起争球、冲撞、踢球，或与对方运动员"对脚"时，由于身体重心不稳、偏向一侧，甚至摔倒，以及球的间接作用等，踝关节轻度损伤的概率大大增加。其原因主要是场地不平或过滑、运动员出现犯规动作、不遵守训练原则、准备活动不充分，以及踝关节的力量、灵活性、柔韧性不够等。在争夺、做假动作和铲球的过程中，由于突然改变体位，或足部扭转、内收或外展等，极易造成踝关节的中度损伤，究其原因是学生运动技术水平相对较低、动作不准确、用力不当、自我保护意识不够等。

（二）踝关节损伤的时间分析

足球竞赛中踝关节发生损伤最多，主要是因为对抗性强、攻守转换较快、逼抢凶猛、犯规动作多、运动量较大、裁判员执法水平低等；课外足球活动中发生踝关节损伤相对较多，其原因主要是学生的准备活动不充分、活动缺乏有效的组织措施、保护措施不到位等；足球训练中发生踝关节损伤，主要与运动量过大、设施简陋、学校场地不平整等有直接关系；足球课中发生踝关节损伤，主要与教师的教学组织管理、教学方法欠妥当、教师对学生的技术要求过高、学生人数过多而器材数量不够等因素相联系。

五、运动损伤发生的原因

足球运动主要是以脚支配球的活动，身体接触多，动作变化多，快跑、急停、急转，瞬间万变，极易造成肌肉拉伤及关节扭伤，甚至会发生骨折等严重事故。有关资料表明，86％的损伤发生在四肢，其中约80％发生于下肢。损伤的原因是多方面的，包括犯规动作、动作粗野、技术动作失误（比如脚踢在地上或踢球部位不当导致脚趾受伤）、本人体质水平和体力下降、旧伤复发等。学校足球运动锻炼中发生损伤的主要原因如下。

（一）思想认识不够

麻痹大意是造成损伤的因素中主要的一条。运动前不检查场地，忽视使用必要的保护装置，预防措施不得当。青年学生好奇心重，好胜心强，热情很高，容易在盲目和冒失的行动中受伤。

（二）准备活动不充分

身体各器官和系统未进入运动状态，容易造成损伤。尤其冬季运动时，低温刺激可使肌肉的黏滞性增大，肌肉的伸展性与弹性均下降，韧带的弹性及关节的灵活性都降低。

（三）场地情况不好

目前，大多数学校的球场因条件所限，不是十分理想，加上使用率高，维护跟不上，场地往往不平整，碎石子多，尤其在北方冬季，场地受冻显得特别硬。因此，在这样的场地上面运动难免出现一些隐患。

（四）运动技术水平和自我保护意识不足

青年学生大都处于生长发育过程中，其运动基础不高，忽视身体素质的全面锻炼，运动技术水平较低，加上自我保护意识差，这也是活动中受伤的潜在因素。

六、常见损伤及临时处理

常见的损伤及临时处理有以下四种。

（一）开放性软组织擦伤

皮肤被粗糙物摩擦引起皮肤表面损伤，是足球运动中最常见的损伤。足球运动中，由于身体接触较多，摔倒是不可避免的，一些动作本身也要求运动员倒地才能完成，如铲球、冲顶等。因此，在足球运动中，摔倒是最常见的，皮肤擦伤也是最多的。

其症状为毛细血管出血，血液从伤口慢慢渗出。往往可自行凝固止血，危险性不大。可用生理盐水或冷开水清洗伤口，伤口周围用酒精消毒，一般不需包扎。严重时应送医院处理。

（二）肌肉拉伤

肌肉拉伤往往是在外力直接或间接的作用下，肌肉过度收缩或被动拉长而致肌纤维断裂。足球运动中肌肉拉伤所发生的主要部位通常是大腿前、后肌群和小腿三头肌，多见于射门、长传、快速启动冲刺、急停变向等动作之中。其原因包括准备活动不充分，肌肉的生理机能尚未达到适应高强度活动的需求状态；身体训练水平不够，肌肉的弹性、伸展性、肌力差；疲劳状态下肌肉机能下降、力量减弱、发僵；技术动作不正确及对手冲撞。

当出现肌肉拉伤时，一般表现为完成重复动作即有疼痛感。轻度常伴有伤处疼痛、局部肿胀、压痛、肌肉紧张等症状，重者则表现为肌肉断裂、局部肿胀明显、皮下瘀血严重、肌肉功能出现障碍，在断裂处可摸到凹陷或一端异常膨大等症状。如果感觉不大疼痛，可喷点冷冻剂，戴上护腿或用弹性绷带扎紧，如果确实需要可继续比赛。稍重者，除采用喷剂，还需加压包扎、加护腿，然后酌情决定是否可坚持活动。如果行走困难，或明显影响动作完成，则应停止活动。当发生损伤时，不论受伤程度如何，除一般的现场处理外，最好就是停止运动，以免伤情加重，严重者要及时到医院诊治。

（三）扭伤

扭伤通常发生在关节韧带处，它是在外力作用下关节发生超常范围活动而造成关节内、外侧韧带的闭合性损伤。最易出现的部位通常是踝关节外侧韧带、膝关节内侧韧带等处。发生扭伤的原因主要是场地不平、技术动作错误，以及遇到突然情况时的急停、急跳、对方冲撞等。

球场上较多见的扭伤主要是韧带部分纤维被撕裂的轻微损伤，常表现为局部疼痛、轻微肿胀等。对于这样的扭伤，可向患处喷冷冻剂或进行冷敷，再加压包扎固定。当遇到肿胀很大、疼痛剧烈、关节功能出现障碍，比如关节可被拉开、出现"关节松动"、关节内有"卡住"的感觉，或骨质部位有明显压痛等症状时，则应考虑是否有韧带大部分断裂、完全断裂或其他组织器官的损伤，如膝半月板损伤，甚至骨折等损伤。此时应及时到医院检查、诊断和治疗。为避免在练习或比赛中出现扭伤，准备活动一定要充分，各关节部位要充分活动以达到适应比赛的需求状态，或戴上必要的护踝和护膝。

（四）骨折

骨的完整性遭到破坏（骨断或骨裂）称骨折。骨折是足球运动中较为严重的损伤，但其发生率较低。骨折可分为闭合性骨折（骨折断端与外界不相通）和开放性骨折（骨端与外界或体腔相通）。足球运动中发生的多为闭合性骨折。骨折往往伴有剧烈的疼痛感，严重者用眼睛即可做出判断。发生骨折后应采取如下措施。

（1）如骨折症状不太明显且伤者主观感觉不太严重，可及时妥善地送医院检查。切勿由非专业人员处理，以免造成新的损害。

（2）如骨折处在脊椎、大腿、小腿，特别是脊椎部位，应迅速设法请医务人员到场处理，并不要无故移动伤员或伤处，因颈椎损伤如搬运不当，会发生脊髓压迫而立即导致四肢与躯干的高位瘫痪，甚至会影响呼吸造成休克或死亡。

（3）如骨折后伴有休克，则先抗休克，后处理骨折。抗休克的措施一般包括伤员安静平卧，注意保暖，可点按人中穴，如患者呼吸困难，可施行人工呼吸。人工呼吸方法很多，其中以口对口呼吸法效果为好，而且可同时进行胸外心脏按压。人工呼吸具体做法：使伤员仰卧，头部后仰，托起下颌，捏住鼻孔，轻压环状软骨，防止空气泄露或进入消化道。救护者随即深吸气，对口吹入患者口中，吹气后随即松开捏鼻孔的手，如此反复进行，每分钟 16 ～ 18 次。胸外心脏按压是急救者将两手掌重叠，以掌根置于患者胸骨下半段处，用力下压，将胸壁下压 3 ～ 4 cm 为度，然后迅速松开，如此反复，以每分钟 60 ～ 80 次的频率有节律地进行，下压时用力要均匀、缓慢，松手要快，切忌用力过猛造成肋骨骨折。

（4）如有伤口出血，则应先止血，再包扎伤口。

七、足球运动中的四点提示

一是在教学和组织竞赛过程中应加强学生对运动损伤的防护意识，提高学生的自我保护能力。二是准备活动应充分，提高机体各器官系统的兴奋性，使之达到适宜水平，为机体进入运动状态做好准备。三是应注意对身体全面素质的锻炼，提高机体对外部作用的抵抗能力。四是针对足球运动损伤发生多在下肢的情况，在重视全面素质锻炼的同时，应加强对下肢力量的锻炼，以维持下肢关节的稳定性，避免下肢在剧烈运动中导致损伤。同时，应重视柔韧素质的锻炼，以提高各关节活动的幅度、肌肉和韧带伸展能力，这对预防或减少损伤发生是很有必要的，很多人往往对这一方面认识不足。

第三节　足球运动康复训练方法

由于足球运动损伤出现的场合、人员、部位较多，影响因素复杂，有必要了解足球运动损伤后如何进行康复训练。下面对康复训练中的体能方面进行分析。

一、体能康复训练的基本理论

体能康复训练是由康复医学中的传统康复演变而来。有专家认为，康复训练是介于医生治疗和教练员正常训练的一个重要的过渡阶段，为运动员损伤治疗后重新投入专项训练做体能储备。从国外的发展来看，1942 年，美国的医疗部门在对军队新兵进行入伍检查中首次运用体能康复训练。1985 年，西班牙提出体能康复训练是预防运动损伤的重要手段。指导训练人员可在损伤后的不同时期，运用体能训练理论，帮助运动员在应对损伤的同时，防止不必要功能退化并提高身体机能。这一理念提出后，体能康复训练在国外骨科疾病的临床康复和运动员的伤后恢复等领域被广泛应用起来。2006 年，皮尔斯（Pearce）指出体能康复训练的核心内容是改善生物力学结构的失衡状态，以达到预防运动损伤和促进伤后功能恢复的目的。同年，陈方灿首次将体能康复训练的理念和方法引入我国竞技体育，在北京奥运会备战期间运用体能康复训练理论及方法，促进运动损伤恢复，改善身体机能，取得了有益成果。

2011 年，袁鹏在其承担的国家体育总局奥运攻关课题成果中详细介绍了运动生物力学方法在体能康复训练中的应用，并结合具体项目中体能康复训练保障的个案实证研究，提出了新的观点。他指出体能康复训练应首先调查清楚运动员既往运动损伤发病史，结合具体运动技能特点、运动伤病复发率、个体差异，找出损伤后导致的体能弱点和运动损伤的风险，最终构建有机的、高效的、完整的体能康复训练系统。

二、体能康复训练概念解析

体能康复训练是竞技体育中是一个较新的概念。陈方灿指出，体能康复训练是运用体能训练的方法来解决运动损伤所导致的身体功能障碍的一门综合学科。从查阅的文献来看，部分学者也称体能康复训练为康复性体能训练或康复体能训练，但所要表达的意思相同。其实体能康复训练本身就是一种运动训练的特殊形式，它是一种针对性极强的恢复性运动训练，所以也可以将体能康复训练理解为一种身体运动机能的康复训练，部分学者将其称为功能性训练，但在这些不同的定义中，"体能康复训练"的定义更能突出体能训练和康复两个理念之间的结合关系。

不难看出，体能康复训练是把体能与康复相结合的综合训练方法，即运用体能训练的方法与手段介入运动损伤的康复，使损伤的机体的机能水平恢复到受伤之前的水平。所以在厘清体能康复训练的概念的同时，必须了解体能训练释义。体能是运动员竞技能力的重要构成因素，体能是技术能力、心理能力、战术能力、智能的基础。运动员体能水平的高低，是通过速度、力量、耐力、灵敏度和柔韧度等运动素质表现出来的。而运动损伤体能康复训练采用科学、合理的专业训练技术，整个康复过程要求尽可能保持机体的运动功能，防止运动损伤对运动员机体产生不利影响，其康复目标是尽可能早地促进各种运动伤病的恢复，使运动员重返竞技运动和赛场，并使运动员保持成绩，甚至获得更加优秀的运动成绩。

三、体能康复训练的基本原则诠释

通过对运动损伤的认识，结合体能康复训练所涉及的内容，可以总结出体能康复训练在运动损伤中运用的基本原则。两者之间的本质联系在体能康复训练活动中不断重复出现，在一定条件下影响和决定着体能康复训练的进程。目前体能康复训练主要遵循以下三个原则。

（一）在无疼痛的前提下，实行渐进式训练原则

体能康复训练中最为重要的是不能强行，应在无痛状态下逐步加强练习。有痛感就意味着负荷过大，超过机体的承受范围，会加重伤情，更可能导致二次损伤。而在实际调查中发现，突然加大运动强度导致损伤在训练影响因素中排第 2 位。这也充分说明了体能康复训练必须实行渐进式训练原则。任何突然加大运动量的做法，都有造成功能损害的危险。进行任何一个阶段的训练都不能出现疼痛，如出现则应立刻停止训练。

体能康复训练实质是运动训练的特殊形式，运动训练过程中强调的是机体会因适应特定需求而发生改变。适应是一个渐进的过程，体能康复训练效果是逐步形成的，在短期内很难看到生理适应性改变。损伤机体的恢复也符合这一规律，在训练时应循序渐进。循序渐进的内容包括运动负荷、动作技能的难易程度，负荷由小到大，动作从简单到复杂，使运动员的机能水平在不断适应的过程中得到提高。

（二）个性化训练原则

个性化训练原则会综合考虑运动员性别、年龄、损伤部位的组织特点、手术方式、术后功能障碍的特点、心理状态、神经功能和全身情况等，在了解项目特点和训练规律的基础上，制定体能康复训练目标和方案。个体化对于运动员尤其重要，调查表明，运动员运动损伤因性别、年龄、运动年限、运动专项、组织损伤特点、身体素质的不同而不同，且不同的运动项目对运动员体能和技能训练要求不同。因此，体能康复训练方案的设计不仅要在运动损伤早期就要预计体能康复训练全程的时间、阶段性治疗重点和可能要面

对的问题与应对措施等，还要根据运动员个体特征做到因人而异。

（三）动力链训练原则

1964 年初，汉纳范（Hanavan）首次提出人体运动的"动力链"概念，他把成年人的身体构想成由上肢、躯干、下肢组成的锥形链接，是宏观的模型化。其实，上肢技术表现是由躯干和脊柱通过整个骨骼肌传递到上肢的，沿着骨骼肌有力量的传递和交换，从而产生大量的能量。上肢的整个链接包括躯干、胸锁关节、肩锁关节和盂肱关节及远端的手臂部分。其中任何一个环节，从生物力学的角度来看，其解剖位置是独立的，但从人体功能角度来看，必须被视为一个整体。

这一理论在运动实践中表现为从近端到远端的发力顺序。近端到远端发力顺序已清楚地得到证实。在某项运动中，54% 的力由下肢和躯干产生，只有 25% 的力由肘和腕产生。运动员尝试用肌肉群和远端手臂部分作为爆发力的主要部分时，不能获得最佳运动表现，并且增加了肘、腕受伤的风险。肘、腕部在上肢损伤中所占比例最大。事实上，大多数运动项目上、下肢的活动是协调进行的，所以恢复上、下肢的协调性非常重要。

动力链原则的前提是，当运动损伤和各种形式的运动障碍形成后，机体必将产生与之适应的功能代偿，并进行运动的协调与修正，产生代偿运动。动力链原则阐述了理解和分析人体运动模式的框架，阐明了体能康复计划中强调身体是一个整体的基本原理。动力链原则描述了如何将人体看作一系列紧密的链接和部位，在体能康复训练中不能单纯地只训练某一损伤部位，在运动当中，一个环节的损伤，必然会导致上下相关部位的运动功能障碍，故要根据动力链训练原则宏观地制订体能康复训练计划。

动力链原则认为，上肢、下肢、躯干，包括各个身体关节是一个完整的运动链，任何一个部位、关节能力弱，都有可能影响其他环节发力效果，甚至会引起其他部位的损伤。躯干处于身体的核心部位，连接上、下肢，蕴含的肌肉多、能量大，应在训练中优先发展。

四、体能康复训练常用的方法

体能康复训练手段是指在体能康复训练过程中，为提高某一损伤所导致缺失的运动能力、完成某一训练任务所采用的具体练习。在体能康复训练活动中，教练员、运动员通过采用具体的训练手段去完成具体的训练任务，提高运动员损伤后机能的恢复。

根据损伤的特点，体能康复训练选择的方法和手段必须符合运动损伤后机体所欠缺的功能。因此，在体能康复训练活动中，为了达到预期的结果与目的，选用有效的体能康复训练方法与体能康复训练手段是至关重要的。目前，体能康复训练的实践主要针对提升运动员的肌力平衡（strength balance）、核心力量（core strength）、稳定性（stability）和柔韧性等方面。

（一）肌力平衡训练

运动员在以往的肌力训练中，经常只注重大肌群的训练而忽视小肌群的功能训练。这样训练的结果往往是大肌群日渐发达，但是对关节起固定作用的小肌群发展失衡，不仅不能有效地增强功能恢复，还易造成运动损伤。因此，应在损伤后有针对性地增强肌肉力量训练，提高肌肉协调性、肌肉纤维特性。

（二）核心力量训练

核心力量训练主要是指身体中枢稳定性训练。身体中枢稳定性是指运动员在运动过程中骨盆和躯干的力量维持稳定的能力。起止点在躯干部位的肌肉，都属于"核心"。运动员核心力量的发挥是靠腹背肌、脊柱和骨盆区域内的肌肉力量来实现的。所以，强壮的腹背肌、稳定的骨盆对于维持运动员在运动中身体姿态的平衡、保持技术动作的稳定性、促进最佳力量的产生具有重要意义。如果运动员身体中枢无法传递力量，就会造成运动员上下动作脱节，技术动作不达标，又会加重原有的运动损伤或造成新的损伤。身体中枢稳定性训练可以提升骨盆和脊椎的稳定性，使腿部肌肉产生动力，使运动员上半身和下半身更好地连接起来，增强腿部肌肉的活力。

如果从体能的角度分析，也许可以将这一现象归结于近年来对骨盆和髋关节力量训练高度重视的结果。髋关节力量的增强，代偿性地减小了膝关节的力量投入，进而也降低了膝关节运动损伤的风险。人体运动时关节及其周围肌肉的参与度不仅涉及运动效率的问题，而且还关系到运动损伤的风险，膝关节是下肢三大关节中活动范围最小、损伤率排第二的关节。适当增加髋关节的运动参与度，充分利用人体面积最大、力量最强的臀大肌等盆带肌的力量，在不降低甚至提高运动效率的前提下，代偿性地减少膝关节及其周围肌肉的运动负担，是一种既能够提高工作效率又可以规避运动损伤的训练策略。

（三）稳定性训练

关节损伤是常见的运动损伤之一。在对运动员的调查中显示，有41.4%的损伤发生于关节部位。要有效防止关节损伤，就要加强运动员关节的稳定性，进行有目的的平衡训练。关节的本体感觉是维持关节稳定性的重要因素。例如，踝关节韧带受过损伤的运动员在运动过程中往往会出现重复伤害，造成习惯性踝关节扭伤。这是踝关节的本体感觉器官在受到损伤后，反应能力变弱而不能及时调节关节位置造成的。通过有效的平衡训练和关节稳定性训练，运动员踝关节周围肌群得到加强，就可达到防治关节损伤的效果。由此，运动员的体能状况、健康状况和竞技水平都可得到提升。

稳定性训练的原理，就是运动员在不平衡的环境下，努力保持平衡能力，使机体得到运动训练的适应，通常采用一些不稳定的平面来恢复本体感觉的能力。平衡训练多利用瑞士球、平衡板、半圆球和滑雪平衡板等器材，以此来设计出各种难度的平衡训练方法。

（四）柔韧性训练

柔韧性训练是有目的地将肌肉和软组织在运动前、中或后进行拉伸，使被拉伸的肌肉或软组织得到充分的放松，有利于肌肉疲劳的恢复，防止肌肉拉伤，维持肌肉的弹性，加速肌肉内部代谢产物的排出，避免了运动技术的僵硬和变形。对于运动损伤导致的肌肉受伤，柔韧性训练尤为重要。拉伸的方式主要包括主动拉伸、被动拉伸。体能康复训练中常采用弹性带进行自我拉伸，因其材质具有伸缩的特点，对于力道的掌握在运动员的可控范围之内。柔韧性练习主要在准备活动和整理活动中采用。准备活动的不合理在导致运动损伤的训练因素中排第 1 位，可见柔韧性训练的重要性。

五、体能康复训练的应用

（一）目前国内运动员运动损伤康复的措施及效果

目前，国内运动员运动损伤多采用静养、降低负荷（量或强度）、药物治疗、体能康复训练、针灸或理疗等方式。近几年，体能康复训练方式在运动员运动损伤康复中越来越受到关注，但现阶段下选择体能康复训练的措施相对较少，达到的效果良好。

根据对大学运动员运动损伤康复措施及效果的实际调查数据显示，体能康复训练在运动损伤康复中的运用仅占总人数的 8.8 %，当然，由于选择的基数小，对其疗效的评价存在不可表现性。现阶段运动员损伤康复的措施多为静养、理疗、针灸、降低负荷，其中选择静养排第 1 位，占总人数的 54.6 %，而其效果不甚理想，80.6 % 的运动员认为采用静养方式进行运动损伤的康复效果不好。

在走访的队医及康复医生中，分别有 73 % 和 20 % 的人认为体能康复训练对运动损伤康复非常重要或比较重要，可见体能康复措施有着不可忽视的作用。他们认为，一方面，体能康复训练方面人才稀缺，没有专业人才来指导体能康复，无法做到对症下药，针对损伤部位制定康复训练方案。另一方面，大多数运动员对运动损伤康复的认识依然局限于静养和针灸、理疗层面，不会主动寻求体能康复训练来恢复损伤。

静养、降低负荷、药物治疗、针灸、理疗等传统康复方法依然是运动员选择的主要康复手段。其中，药物治疗、降低负荷、针灸、理疗的疗效得到了肯定。但单纯的静养和降低负荷对恢复运动员的运动能力的效果显然不够显著。而现代体能康复训练方法采用了肌力平衡训练、核心力量训练、稳定性训练、柔韧性训练等体能训练方法，效果显著，受到了绝大多数队医的认可，但由于意识、条件及训练水平的限制，运动员的使用度还不高。

（二）体能康复训练对运动员运动损伤康复的作用

运动员是较为特殊的群体，因为竞技体育特殊的专业化训练，其机体处于特殊的生理状态。受伤后停止训练，将会扰乱机体内环境的运动适应性平衡。因此，体能康复训练的主要作用在于改善和恢复运动功能。通过利用体能训练的方法与手段，提升运动员对运动损伤的机体、心理的正向适应能力，防止或减少"停训综合征"带来的各种问题，力求实现竞技运动员各项功能的全面恢复，达到最佳运动水平，创造更好的运动成绩。

运动损伤后的康复不是简单的临床愈合，不是简单的静养和理疗，更重要的是使受伤者恢复参加训练和比赛的能力。通过运动员处于活动与制动时对肌肉损伤愈合过程不同的影响可以看出，活动的情况下人体的各项机能能更好促进运动损伤的恢复。运动康复也是一个工程，对受伤运动员来说，系统地进行运动康复是保持运动生涯、保持运动能力、再创佳绩的必经之路，为了实现这一目标，必须采取科学的体能康复训练措施。

现阶段运动员出现运动损伤后，只是依赖针灸和按摩进行止痛治疗，忽视了根本上的体能的提高，特别是很多教练员和运动员都错误地认为疼痛消失伤病也就被治愈了。如果这种认识得不到改善，就不能期望竞技水平有所提高。而采用适当的体能康复手段恢复后，不仅使再复发的可能性减小，机能也可以得到进一步增强。

（三）体能康复训练在运动员运动损伤康复中的阶段划分

体能康复的目的是使运动员恢复到受伤前正常的状态，像伤前那样能够进行正常的活动，拥有伤前的力量和爆发力，恢复关节的可动区域。如果恢复到受伤前的状态，就可以重返运动场。体能康复过程注重时间段，从急症期到不同的时间段内，主要康复内容有所不同，一般可以将康复期大致分为三个阶段，同时每个阶段之间又有着紧密的联系。

第一个阶段是次急症期，即受伤或手术后的初期阶段，主要任务是让伤情稳定下来，遵循休息与制动的原则。该阶段主要目标是避免损伤的恶化，因此运动员必须停止参加大强度的训练，避免伤病部位的训练，不影响伤部病情的练习可照常进行，体能康复训练可针对运动员其他部位进行力量训练、柔韧训练。损伤部位没有发生在上、下肢的可针对运动员的心肺耐力训练，目的是投入专项训练后保持心肺耐力，使其不至于减退。运动员的损伤类型及其所参与的运动项目决定其休息时间的长短。

第二个阶段是体能修补期，是体能康复训练的开始，主要任务是让受伤的部位康复起来，包括关节活动度、肌肉力量的恢复，以及整体协调性、本体感觉的恢复、耐力的恢复。

恢复正常的关节活动范围是很重要的，因为它是运动员恢复正常技术动作的前提。此外，动作范围的降低可能限制患者进行力量训练的能力。例如，无法完成伸展膝关节的患者就不能训练其股内侧肌，结果是膝关节功能有可能无法达到最佳状态。

受伤的部位往往本体感觉下降，以致本身力量不足的部位更加危险。由于运动员竞技需要的特殊性，力量恢复应达到伤前水平，甚至要更好。爆发力类型的弹跳训练在有了一定的基础力量后才逐渐由易到难，从低到高，从简单到复杂，逐步恢复并过渡到专项训练。力量训练中要兼顾大小肌群。方法要求高效安全，尤其是重量大于体重时特别注意防止引起腰部不适。

运动员因损伤完全或部分休息将降低其耐力素质。他们必须将有氧能力恢复到损伤前的水平。损伤限制了他们往常习惯的训练，因此通常要选择稍微不同观点的训练类型。例如，有跟腱病的运动员无法在场地上进行跑步训练，但是他们骑车或在水中跑步一般不会引起疼痛。

第三阶段是根据伤员个体进行个性化体能康复训练，主要是强化训练，即强化肌肉的训练，恢复专项所要求具备的负荷能力，恢复对损伤后部位参加训练的自信心。

（四）体能康复训练应用前景分析

与国外先进国家相比，我国的体能康复训练手段、内容和效果仍然较为落后，体能康复训练在运动损伤康复中还面临以下三个问题。

一是体能康复训练人才紧缺。目前国内专业体能康复人才是非常稀缺的，国内相关专业教育如运动人体科学专业、运动训练专业，又处于"两头不靠"状况，运动人体科学专业学生不注重技能，运动训练专业理论基础薄弱，使培养出的人才不能够担负起体能康复训练。

二是硬件设施跟不上。在运动医学手术方面，国内与世界一流水平已经相差无几，而在防护和康复方面却相对比较薄弱，缺乏专门的康复场地，相关的康复器材也十分有限。具体来看，拥有专门体能康复训练中心的运动队仅有南京体育学院一处。

三是重视程度不够，工作程序粗犷。美国体能康复训练团队包括五种职能人员，而我国只有三种。在不同的损伤阶段，美国都有着相应阶段的工作人员，并各司其职。体能师、康复训练师这些美国运动队中最基本的工作人员，在中国还是将其作为一个新职业来看待。在中国运动队的传统观念里，没有体能、防护、康复等工作细分。从运动员到教练员，对体能康复训练的重视是不够的。

自 2006 年首次将体能康复训练的理念和方法运用于备战北京奥运会的运动员以来，体能康复训练这一新的理念已经引起国内学者越来越多的关注。我国体能康复训练团队建设还处于初级阶段，结构不够严谨，管理责任不明，各个时期的分工不细致，影响运动员体能康复训练的总体效果。国家体育总局相关部门和中国运动员教育基金已经开始尝试从退役的专业运动员中选拔出有志向于体能康复训练的学生参加体能康复训练理论与方法的培训班，试图通过培训班培养出实干型、运动能力强的初级体能康复训练师，为体能康复训练人才培养提供保障。此外，相关的硬件设施也在不断得到建设与完善。所以，虽然存在以上问题与困难，但是随着这方面研究的越发深入，体能康复训练的手段和内容将不断丰富并走向科学合理化，从而更多介入运动损伤康复中去，成为运动损伤康复的主导，在中国竞技体育发展中占据重要一席。

参考文献

[1] 毛振明，赵立，潘少伟. 学校体育学[M]. 北京：高等教育出版社，2001.

[2] 霍军. 体育教学方法实施及创新研究[J]. 北京体育大学学报，2013，36（01）：84-90.

[3] 赵涛. 开放式运动技能学习原理及其在篮球教学中的应用分析[J]. 时代教育，2015（02）：95.

[4] 陈恩彧. 运动教育模式与高中篮球运动技能学习效果的实验研究[J]. 体育师友，2015，38（05）：78-80.

[5] 刘振廷. 开放式运动技能理论下篮球技能学习认知评价体系构建[D]. 长春：东北师范大学，2013.

[6] 邢晓萍. 选择教学方法组织有效培训：羽毛球技能培训反思[J]. 青少年体育，2015（01）：97.

[7] 额尔德尼. 多球训练法在青少年羽毛球教学训练中的运用[D]. 北京：首都体育学院，2016.

[8] 江南. 高校乒乓球教学方法的归纳与运用[J]. 知识窗（教师版），2018（03）：75-76.

[9] 赵俊安. 学习理论应用于乒乓球教学的实验研究[J]. 中国多媒体与网络教学学报（电子版），2017（04）：350-351.

[10] 王瀛. 试论不同学段足球运动技能教学实践研究[J]. 改革与开放，2011（24）：137，139.

[11] 容加勤，韩湘平. 运动训练中疲劳与恢复的研究[J]. 武汉体育学院学报，2001（06）：61-62.

[12] 王刚，朱琦. 对高校羽毛球运动员身体训练现状的调查及对策研究[J]. 北京体育大学学报，2007（01）：135-136.

[13] 陈盛. 青少年羽毛球运动员常见的运动损伤及其预防方法研究[J]. 科技创新

导报，2012（17）：219.

[14] 郝素英. 加强卫生督导 避免运动损伤[J]. 基层医学论坛，2015，19（18）：2477-2478.

[15] 王丽丽，武超，顾霞. 运动损伤的预防及处理[J]. 内蒙古体育科技，2007（03）：54-55.

[16] 潘正武. 关于运动损伤心理的研究[J]. 当代教研论丛，2014（01）：119.

[17] 程杰. 大学足球爱好者运动损伤的预防及措施[J]. 当代体育科技，2016，6（35）：14-15.

[18] 曹晓晓. 简析大学生网球运动员竞赛中的心理障碍及自我调节[J]. 运动，2014（03）：36-37.

[19] 张世林，张万金. 青少年网球运动员的营养补充[J]. 当代体育科技，2012，2（04）：15-17，20.

[20] 李成明. 我国网球运动员管理体制现状及发展对策研究[J]. 体育研究与教育，2014，29（02）：94-96.